ARCHIVES HISTORIQUES DU DIOCÈSE DE CHARTRES

GUILLAUME AUX BLANCHES-MAINS

ÉVÊQUE DE CHARTRES

PAR

JULES MATHOREZ

*Ut ad plurimos
Veritas perveniat.*

CHARTRES

CH. MÉTAIS, ÉDITEUR

22, rue de la Tuilerie, 22

—

1911

GUILLAUME AUX BLANCHES-MAINS

ÉVÊQUE DE CHARTRES

INTRODUCTION

Il n'existe sur Guillaume aux Blanches-Mains, parfois appelé Guillaume de Champagne, que deux monographies un peu détaillées. Celle que lui consacre au tome XV, l'historien de l'*ancienne littérature française*, et celle de Marlot au troisième volume de l'*Histoire de la ville et du diocèse de Reims.*

Tout en reconnaissant l'utilité partielle de divers travaux antérieurs, comme ceux de Duchesne, du baron d'Auteuil, nous devons dire que nous les avons peu suivis. Les erreurs ou les lacunes y sont trop abondantes.

La monographie de l'*Histoire littéraire* est trop courte, semble-t-il, pour faire connaître un homme qui fût mêlé à toutes les affaires de son temps. Elle présente les événements dans l'ordre chronologique.

L'auteur n'a pas connu toutes les sources ; et la critique de certaines n'étant pas achevée, quelques erreurs se sont glissées dans son travail.

La vie de Guillaume aux Blanches-Mains écrite par Marlot est fort brève. Elle n'intéressait l'auteur de l'*Histoire de Reims* que subsidiairement. Il ne donne les détails de sa vie qu'au moment où il devint archevêque de cette ville.

En dehors de ces travaux imprimés il existe quelques monographies manuscrites, conservées aux Archives du

Vatican, à la Bibliothèque de Sens, dans la collection de Champagne à la Bibliothèque Nationale. En général elles sont fort courtes, se répètent toutes, et leurs auteurs ne s'arrêtent qu'aux grands faits de la vie du Cardinal de Champagne.

Les sources de notre travail ont été de deux sortes : narratives et diplomatiques.

Les sources narratives françaises, flamandes et anglaises nous ont fourni les renseignements sur le rôle politique, et la vie de l'archevêque. Exactes et précises, les sources anglaises ont été souvent, sinon presque toujours, mises à contribution. Roger Wendover, Benoist de Peterboroug, Howeden, Gervais de Cantorbery, Raoul de Dicet, sont les principaux chroniqueurs que nous avons consultés. Robert du Mont, la chronique de Tours, Rigord, Guillaume Le Breton, les annales d'Anchin, nous ont été des sources précieuses, moins abondantes toutefois que les sources anglaises.

Nous avons, en général, suivi les dernières éditions données ; pour les unes, les éditions du Maître des Rôles, pour les autres, les éditions critiques de MM. Léopold Delisle et Delaborde.

Quant aux documents et aux actes qui nous ont servi principalement pour la seconde partie de notre travail, et pour dresser le catalogue des actes de Guillaume aux Blanches-Mains, ils proviennent en partie de recueils imprimés ou de grandes collections.

Les cartulaires du diocèse de Chartres, édités par MM. Merlet, Guérard et Métais, d'autres encore, le cartulaire général de l'Yonne, le cartulaire général de Varin nous ont été de toute première utilité. La collection Moreau et celle de Baluze nous ont fourni de nombreuses pièces, la collection de Champagne presque aucune.

Nous avons tiré des Archives de l'Yonne conservées à Sens et à Auxerre, des Archives de l'Eure-et-Loir et des dépôts de Châlons et de Reims de nombreux documents·

Le dépouillement et le classement des séries G et H n'étant point encore absolument terminé à Chartres ni à Châlons, il peut encore rester dans ces dépôts un nombre d'actes assez restreint. Certains ouvrages particuliers nous ont encore donné quelques documents. Nous les avons mentionnés dans la bibliographie de notre travail.

Nous avons dressé cette bibliographie par ordre alphabétique, mentionnant même des ouvrages qui ne nous ont fourni qu'une mince contribution.

BIBLIOGRAPHIE

Arbois de Jubainville (d'). Histoire des Comtes de Champagne, 6 vol. in-8°.

— La loi de Beaumont en Argonne, Bibl. de l'Ecole des Chartes, IIIe série, tome II, p. 248.

Bonvalot (E). La loi de Beaumont et ses filiales, 1 vol. in-8°.

Boulai (du). Histoire de l'Université de Paris. 2 vol. in-f°.

Bouquet (Dom). Historiens de France, Tome XII-XIX.

Bourquelot. Histoire de Provins, 2 v. in-8°, 1840.

Davidsohn. Philipp II August von Frankreich und Ingeborg, in-8°, Heidelberg, 1888.

Delaborde (Hⁱ-François). Chroniques de Rigord et de Guillaume Le Breton. — S^{té} H^{re} de France, 2 v. in-8°, 1882.

Delisle (Léopold). Catalogue des Actes de Philippe Auguste, in-8°, 1856, Paris (Durand Aug) éd.

Desilve (abbé) Jules. Lettres d'Etienne de Tournai, in-8°, 1893.

Dicet (Raoul de). cf. Stubbs (W).

Didot, Biographie générale. art. Guillaume aux Blanches mains.

Duchesne. Histoire des Cardinaux français, 2 v., in f°.

Gallia Christiana. Passim t., IX, X. XII.

Géraud (Hercule). Philippe-Auguste et la reine Ingeburge, Bib. Ec. des Chartres, 1re série, t. 1er, pages 1, 92,

Goffinet (*P.*). Cartulaire de l'abbaye d'Orval, Bruxelles 1879, 1 vol, in 4".

Guérard. Cartulaire de St Père de Chartres. C^on des Docts. inédits 2 v., in 4°.

Histoire Littéraire de la France. Passim, t. XII, XV.

Howeden. Flores Historiarum, cf. Stubbs.

Jaffé, Regesta Pontificum, in-4°, 2 v., 1888.

Lalore (*abbé*). Collection des Cartulaires de l'ancien diocèse de Troyes, 8 vol. in-8° Thovin, Paris, (passim).

Lasteyrie (*C^lr R. de*). Cartulaire général de Paris. S^té H^re de Paris, in-4°. 1887. Imprimerie Nationale.

Longnon (*A.*). Dictionnaire topographique de la Marne, in-4°, Paris, Imp^ie Impériale.

Luchaire (*A.*). Histoire de Philippe-Auguste, in-16, Paris, 1884. Hachette et Cie.

Luchaire (*A.*). Etudes sur les Actes de Louis VII, in-4° Paris, Picard. 1885.

Manceaux (*abbé*). Histoire de l'abbaye d'Hautvillers.

Marlot (*Dom Guillaume*). Histoire de la ville et du diocèse de Reims, tome III, 4 v., in-4°, 1843-1846.

Martène (*Dom*). Amplissima Collectio.

Materials for the history of Th. Becket. cf. Robertson.

Merlet (*Lucien*) *et Lepinois*. Cartulaire de N.-D. de Chartres. 3 v., in-8° S^té Arch. d'Eure-et-Loire, 1862.

Merlet (*Lucien*) *et A. Moutié*. Cartulaires des Vaux de Cernai, 3 v., in-4°. 1857. Plon éd.

Merlet (*Lucien*). Dictionnaire topographique de l'Eure-et-Loir. 1861. Impr^ie Impér^le.

Métais. Cartulaire de N.-D. de Josaphat, 2 vol. in-4°.

Migne. Patrologie Latine. Tomes. CXCIX, CCCCI, CCII, CCIII, etc.

Mortet (*Victor*). Maurice de Sully, évêque de Paris, etc.... S^té H^re de Paris, tomes XVI, 1889 (tirage à part).

Norgate (*Miss Kate*). England under the angevin Kings. 2 v., in-8°, Londres, 1888.

Paris (*Louis*). H^re de l'Abbaye d'Avenay ; 2 v. in-8°.

Péchechaud. Histoire de l'Abbaye d'Igny. 1 v. in-8°.

Peterborough (Benoist de), cf. Stubbs. (W).

Plessis (Dom Toussaint du). Histoire de l'église et du diocèse de Meaux. 2 v. in-8°.

Potthast. Regesta Pontificum. Berlin, 1874.

Prou (Maurice). Les Coutumes de Lorris et leur propagation, 1 vol. in-8°, Paris, 1884.

Quantin (Maximilien). Dictionnaire topographique de l'Yonne. Paris. Imp^{ie} Impériale, 1862, in-4°.

Quantin (Maximilien). Cartulaire général de l'Yonne. 2 vol. in-4° 1854. Auxerre, S^{té} H^{que} de l'Yonne.

Quesvers et Heim. Pouillé de l'Ancien diocèse de Sens. 1 v. in-4°.

Robert de Thorigny. (Chronique de). Léopold Delisle, éditeur. S^{té} H^{que} de Normandie. 2 v. in-8°.

Robertson (James Grairie). Materials for the history of T. Becket. VII vol. in-8° Londres, 1882.

Souchet. Histoire de la ville et du diocèse de Chartres. S^{té} Arch. d'Eure-et-Loir.

Stubbs (William). Collection du Maître des Rôles, éditeur de :
Raoul de Dicet, 4 v.. in-8°, Londres, 1879.
Howeden,   2 v.. in-8°, Londres, 1869.
Benoist de Peterborough, 2 v. in-8°, Londres, 1867.

Varin (Pierre). Archives administratives de Reims, tome 1er Doc^{ts} Inédits, in-4°, 1839.

CHAPITRE I

BIOGRAPHIE DE GUILLAUME AUX BLANCHES-MAINS

Les renseignements qui nous sont parvenus sur la jeunesse de Guillaume aux Blanches-Mains sont assez peu nombreux. On s'accorde à dire qu'il naquit en 1135 (1). Les mois et lieu de sa naissance nous sont inconnus.

Il était le quatrième fils de Thibaut (2), deuxième du nom, comte de Champagne (3), sa mère était Mahaud, fille de Beaudouin, comte de Flandre. Par sa grand'mère il descendait de Guillaume le Conquérant (4). Il se trouvait donc, par le seul fait de sa naissance, allié à toutes les grandes familles du Royaume. En dehors de ses mérites personnels, il faut reconnaître que le privilège de sa haute naissance contribua pour beaucoup à lui attirer de nombreuses dignités.

Le comte de Champagne destina de bonne heure son fils Guillaume à la carrière ecclésiastique. En 1145, Guillaume aux Blanches-Mains était déjà clerc, il porte ce titre comme témoin dans une charte de cette année, donnée par son frère Henri (5). Son père l'envoya étudier aux écoles de Paris que dirigeait alors Pierre Lombard (6). Il

(1) *Gallia Christiana*, t. VIII, col. 1145. Marlot : *Histoire de la ville de Reims*, t. III. D'Arbois de Jubainville : *Histoire des Comtes de Champagne.*

(2) D'Arbois de Jubainville. *Histoire des comtes de Champagne*, **page** 404, t. II.

(3) Mort le 6 janvier 1156.

(4) *Histoire littéraire de la France*, t. XV, page 102 (Gauthier de Lille).

(5) *Cartulaire de Montier-la-Celle*, Lalore, page 42. N° 94.

(6) *Gallia Christiana*, t. VIII, col. 1145.

« Sacris ab ineunte ætate deditus in scholis Parisiensibus sub Petro Lombardo educatur » : d'Arbois de Jubainville, *op. cit.*

s'adonna à l'étude du droit canon et des poètes anciens alors connus (1).

Ses études furent sérieuses du témoignage même de quelques contemporains, Pierre de Poitiers vante son éloquence, Gauthier de Chatillon ses connaissances philosophiques et Pierre de Blois exalte sa science en droit civil et en droit canon. Il est cependant regrettable que le petit nombre de lettres que nous possédons de lui ne nous donne pas de plus amples renseignements sur ses auteurs favoris. On y trouve une seule fois une citation d'un vers d'Horace.

Ses études finies, Thibaut, qui « dans l'établissement de « ses enfants n'avait pas la piété pour seul mobile », écrivit à saint Bernard (2) pour le prier de protéger le jeune Guillaume sur la tête de qui on voulait déjà réunir plusieurs bénéfices.

Saint Bernard répondit au comte de Champagne une lettre très ferme dans laquelle il se refusait à prêter la main à ces projets (3).

« J'offense Dieu sans aucune raison », disait l'abbé de Clairvaux, « si je fais ce que vous me demandez. Car je n'ignore pas que les dignités ecclésiastiques sont dues à ceux qui veulent et peuvent les remplir dignement selon Dieu ».

« Employer, vous et moi, les sollicitations pour les faire donner à un petit enfant comme votre fils, serait une injustice de votre part et une imprudence de la mienne. Un homme fait ne peut réunir plusieurs bénéfices sans dispense, et cette dispense doit avoir pour cause les besoins de l'Eglise et les services que l'on peut attendre de cette personne. Si ce que je vous dis vous paraît dur et si vous persistez dans votre projet, pardonnez-moi ce lan-

---

(1) Abbé Clerval, *Les Ecoles de Chartres du VIe au XVIe siècle*, passim.

(2) D'Arbois de Jubainville : *Histoire des Comtes de Champagne*, t. ii, p. 404.

(3) Saint Bernard, ep. n° 271. Dom Bouquet, XV, p. 617.

gage. Vous avez, si je ne me trompe, assez d'influences par vous-même pour obtenir sans moi ce que vous souhaitez. Ainsi votre volonté s'accomplira et je ne commettrai pas de péché ; certes je désire en toutes choses le bonheur de votre petit Guillaume, mais la science de Dieu doit primer tout. Je ne veux pas que votre fils obtienne rien contre Dieu, car je craindrais alors qu'il n'obtint pas Dieu.

« Si cette manière de voir n'est pas la sienne, je ne veux pas accorder à son entreprise un concours qui pourrait me faire, à moi aussi, perdre Dieu. Dès qu'il se présentera une fonction qu'il puisse remplir selon Dieu, je lui donnerai la preuve de mon amitié... je ne lui refuserai pas mes services s'il en a besoin... »

Une grande imprécision règne sur toute cette époque de la jeunesse de Guillaume. Toutefois, il semble qu'on peut rapporter cette démarche faite par Thibaut aux environs de l'année 1150. Les termes mêmes de la lettre : « *Notre petit Guillaume* », indiquent encore un enfant. Ce dut être au reste la première démarche faite dans ce sens par le comte de Champagne. Nous connaissons un acte de l'année 1149 qui semble indiquer que Guillaume possédait déjà un petit bénéfice ecclésiastique. Dans ce document il est question d'un procès entre Guillaume d'une part, et les moines de l'abbaye de Châteaudun au sujet de l'église de la Choue sur laquelle le premier prétendait avoir certains droits auxquels il renonce.

Vers le même temps d'autres dignitaires de l'Eglise furent pressentis par le comte Thibaut et notamment Pierre de Celles, qui moins ferme que saint Bernard, consentit à écrire au Pape Eugène III pour le prier de vouloir bien faire accorder au jeune Guillaume la prévôté de l'église de Soissons.

Dans cette lettre (1), l'abbé annonce au Pape qu'il lui

(1) Merlet et Jarry, *Cartulaire de la Madeleine*, p 18.
(1) *Lettre de Pierre de Celles*. Dom Bouquet, XVI, p. 707. Cette lettre fut écrite vers l'année 1153.

envoie l'archidiacre de l'église de Soissons, Raoul et qu'il le charge de demander pour Guillaume la prévôté de cette église.

A sa requête, il joint un éloge pompeux de son protégé. Il fait ressortir la grandeur de sa naissance et les qualités par lesquelles se recommande le fils du comte Thibaut. Il termine en disant de quels secours seront pour lui les conseils de ses deux frères le comte Henri et le comte Thibaut, sénéchal du Roi.

Cette lettre fut-elle suivie d'effet ?

Nous ne le croyons pas. Le nom de Guillaume ne figure dans aucun acte de l'église de Soissons. En outre, le même Raoul qui figure comme archidiacre dans la lettre de Pierre de Celles et dans un acte de l'année 1140 (1) apparaît en l'année 1156 comme prévôt de la dite église (2). Il est donc probable que la demande de Pierre de Celles resta sans effet, ou que l'archidiacre préféra solliciter pour lui cette même dignité.

Tels sont les renseignements qui nous sont parvenus sur la prime jeunesse du futur cardinal. En l'année 1163 son nom figure dans Robert du Mont comme évêque élu de Lyon. L'élection de Guillaume au siège de Lyon est controversée. Mais avant d'aborder cette question il est bon d'examiner d'abord quelques assertions de différents biographes.

Presque tous ceux qui s'occupèrent de Guillaume aux Blanches-Mains lui décernent différents titres et le font possesseur de nombreuses prébendes et titulaire de plusieurs charges.

Il fut d'après Marlot, l'Histoire littéraire, la Gallia, chanoine de Cambrai, doyen de l'église de Meaux, prévôt des églises de Soissons, de Saint-Quiriace, de Provins et de l'église de Troyes.

(1) *Gallia Christ.* IX, col. 116.
(2) *Gallia Christ.* IX, col. 124.

Dès à présent, nous avons dit pourquoi nous pensions que Guillaume n'avait jamais été prévôt de l'église de Soissons.

Qu'il ait été chanoine de Cambrai, la chose est possible, quoique douteuse. Aucun des auteurs qui attribua à Guillaume cette dignité ecclésiastique n'a donné les actes sur lesquels il appuie son assertion.

Deux chartes des archives du Nord, relatives à la cathédrale de Cambrai, datées de 1162 et 1163, ne font aucune mention de Guillaume parmi les dignitaires de cette église. On trouve seulement un *Guillelmus levita*. Mais il ne semble pas qu'on puisse identifier Guillaume aux Blanches-Mains avec ce personnage.

D'un autre côté, le manque de documents ne peut infirmer d'une façon absolue des assertions qui reposent sur des actes peut-être perdus ou qui peuvent s'expliquer par l'habitude, que certains chanoines de cette époque avaient de ne pas résider.

Nous avons pour Meaux des documents certains.

« Guillaume aux Blanches-Mains fut doien de la cathédrale de Meaux », dit du Plessis (1). — On le trouve en effet mentionné dans la liste des doyens entre les années 1163 et l'année 1165 (2).

En l'année 1163 il figure parmi les témoins de la Charte d'Etienne de Meaux, érigeant l'office de la Sous-Chantrerie (3).

Enfin, affirme l'auteur de l'histoire de la même église, son nom se rencontre en l'année 1165.

La charge de prévôt de l'église de Troyes était une di-

---

(1) Du Plessis, *Histoire de l'Eglise de Meaux*, t. I, p. 154-155.

(2) Du Plessis, *Histoire de l'Eglise de Meaux*, p. 560, t. Ier.

(3) Du Plessis, *Histoire de l'Eglise de Meaux*, p. 560, t. Ier, pièces justif., t. II

    « Actum .. MCLXIII... assistentibus

     . . Willelmo decano...

        Ex tabulario ecclesiæ Meldensis. »

gnité importante. Elle conférait au possesseur le premier rang après l'évêque, le droit de juridiction sur les chanoines au temporel et au spirituel. Guillaume détint cette charge pendant un certain temps ; il ne la résigna qu'au courant de l'année 1167. A cette date, il renonçait aux droits de justice qu'elle conférait, à la prébende, se réservait seulement vingt livres de rente annuelle, et exprimait le désir qu'après sa mort, cette charge fût supprimée (1). Il en fut fait suivant son désir, malgré la demande du pape Alexandre III qui pria, en 1167, Henri évêque de Troyes de conférer cette dignité à Herbert de Boscham (2).

Il n'y a guère à s'étonner que Guillaume ait été en même temps prévôt de l'église de Saint-Quiriace de Provins. Il se trouvait à la tête d'une église que son père Thibaut avait comblée de bienfaits (3).

Jeune encore il avait été chanoine de cette église puis plus tard prévôt. La date de son installation et celle de sa sortie de charge nous sont inconnues. La dernière cependant peut être approximativement fixée aux environs des années 1168, ou 1169.

Nous possédons un acte de l'année 1169 par lequel Guillaume approuve l'élection de Maitre Etienne comme prévôt du chapitre de Saint-Quiriace (4). A la sortie de sa charge, il avait dû recommander son élection, aussi rencontre-t-on les mots : « Ex quæ rationabiliter statuuntur et præsertim quæ per nos et in nostra presentia fiunt, firmiter et inconcusse observari dignum duximus. »

On a discuté une assertion de Robert du Mont au sujet de Guillaume aux Blanches-Mains. Le chroniqueur dit à l'année 1163 que l'archevêque de Lyon, Héracle, étant mort le peuple et le clergé réunis et d'accord avec l'empe-

---

(1) Lalore, *Cartulaire de Saint-Pierre de Troyes*, page 29.
(2) Lalore, *Cartulaire de Saint-Pierre de Troyes*, page 210.
(3) Bourquelot, *Histoire de Provins*, p. 112.
(4) Collection Michelin, 85¹, pièce n° 7. Bib. de Provins.

peur Frédéric, élirent Guillaume, fils du comte Thibaut le Vieux, et, ajoute le chroniqueur, le Pape Alexandre III donna son consentement (1) à cette élection.

Les historiens de France repoussent cette assertion de Robert du Mont. En effet, disent-ils, si cette élection avait eu lieu, suivant le droit ordinaire, le nouvel élu aurait pu se démettre de ses fonctions, et nous n'avons pas de trace de cette démission. En outre tous les autres historiens ne mentionnent que deux compétiteurs au siège épiscopal ; Drogon, archidiacre de Lyon et Guichard, abbé de Pontigny. Le premier fut d'abord élu, le second triompha à une seconde élection (2).

Il n'est dans toute cette affaire fait aucune mention de Guillaume aux Blanches-Mains. M. Léopold Delisle (3), dans l'édition de Robert du Mont, pense que l'élection eut lieu, mais qu'elle ne fut pas suivie d'effet. C'est à son avis que nous nous rangeons, car il est difficile d'admettre qu'à une époque où la lutte était aussi mouvementée entre la Papauté et l'Empire, Alexandre III eut donné son assentiment à une élection faite par le Chapitre d'une ville soumise à l'empereur et sous l'influence, par conséquent, de l'antipape Victor II.

Au demeurant Guillaume ne devait pas tarder à être élevé à de nouvelles dignités. Il venait d'atteindre sa vingt-neuvième année, lorsque le siège épiscopal de Chartres devint vacant par suite de la mort de Robert III (4).

L'élection sans être tumultueuse fut tout au moins difficile, il fallut, en faveur de Guillaume, faire agir les plus fortes influences.

Une lettre de Thibaut, comte de Blois, à Louis VII (5) nous a conservé le récit de cette élection.

---

(1) *Robert du Mont.* Dom Bouquet, t. XIII, p. 307.
(2) *Gallia*, t. IV, Inst , p. 20.
3) Léopold Delisle, *Robert du Mont.* Note à l'année 1163.
(4 Robert III mourut le 23 sept. 1164. Gams, *Series episcoporum.*
(5 Dom Bouquet, t. XVI, p. 103.

L'évêque mort n'était pas encore enseveli que déjà le prévôt Geoffroi s'était fait élire.

« Je fais savoir à Votre Majesté, écrit Thibaut, que le « prévôt Geoffroi a voulu s'élever à l'épiscopat. Dès l'aube, « avant même que l'évêque ne fut enseveli, il pénétra « dans l'église de Notre-Dame avec ceux qui favorisaient « sa cause et là, il se fit élire évêque en l'absence du « doyen, qui ignorait absolument le fait [lui, qui a pour- « tant la première voix dans une élection] et en l'absence « de plusieurs autres chanoines. »

« Le doyen pensait d'abord ensevelir l'évêque, et vous « envoyer ensuite des messagers afin d'obtenir l'autorisa- « tion de procéder à l'élection. Ce n'est pas là ce qui fut « fait, et en cela on a manqué à Votre Majesté. Mais, si « cela est votre désir, le mal peut se réparer, et ceux « qui l'ont causé doivent être punis. »

« A quelque temps de là, le doyen ayant appris qu'on « avait ainsi procédé à cette élection irrégulière entra dans « l'église avec quelques chanoines et élut mon frère Guil- « laume. Geoffroi vous a envoyé des messagers, mais je « vous supplie de ne donner aucun assentiment à cette « élection avant que je vous aie parlé (1). »

A la suite de cette lettre, la question fut portée devant le Pape Alexandre III. Celui-ci, étant à Sens, par lettres du 8 octobre 1164 adressées aux membres du chapitre de l'église de Chartres, ordonna de recommencer l'élection faite inconsidérément. Il leur fixait un terme pour se mettre d'accord sur le choix d'un candidat, avant les Octaves de l'Epiphanie ; c'est-à-dire le 13 janvier 1165 (2).

L'élection de Guillaume à l'évêché de Chartres doit donc se placer au début de l'année 1165 (3).

---

(1) Cettre lettre se place entre le 23 septembre, date de la mort de Robert III, et le 8 octobre 1164, date de la lettre d'Alexandre III, or- donnant au chapitre de Chartres de procéder à une nouvelle élection.

(2) Dom Bouquet, t. xv, p. 823. Jaffé n° 11068.

(3) « Guillelmus, frater comitis Theobaldi, eligitur ad regimen ec-

Cette année même, Guillaume alla rejoindre le Pape Alexandre III à Montpellier. Il dut accomplir ce voyage entre le 10 juillet 1165, date de l'arrivée du Pape à Montpellier, et le 20 août de la même année, époque à laquelle Alexandre III se mit en route pour rentrer en Italie (1).

Ce fut pendant ce voyage que Guillaume qui n'était pas encore diacre obtint du Pape la permission de faire différer pendant cinq ans sa consécration (2). Aussi bien ne trouvons-nous jamais sur les actes la mention « *episcopus Carnotensis* » mais toujours « *electus Carnotensis episcopus* ».

Alexandre III allait dès lors prodiguer ses faveurs au nouvel élu. Il lui remit (3) pour le roi Louis VII une lettre dans laquelle il annonçait au roi la réception amicale qu'il avait faite au nouvel élu, tant à cause de Sa Majesté Royale que pour le respect qu'on devait à la naissance du prélat. Il suppliait instamment le Roi d'avoir un soin particulier pour la vertu de Guillaume afin qu'il devint de plus en plus fidèle et attaché à son service. Il lui en saurait de très humbles grâces, comme à un monarque très chrétien, un prince très libéral et à un puissant Seigneur du Saint-Siège.

Cette lettre est du 19 août 1165. A partir de cette époque nous rencontrons peu de faits marquants dans la vie de Guillaume pendant une année.

Il dut s'arrêter à Troyes au retour de Montpellier, car nous trouvons sa signature au bas d'un acte de 1165 (4).

Nous le retrouvons encore en 1165 à Orléans. Il figure

---

clesiæ Carnotensis, data ei remissione a Papa, propter juvenilem ætatem ut usque ad quinquennium differretur sacratio ejus. » *Robert de Thorigny*. Edition Léopold Delisle, t. Ier, p. 357.

(1) Jaffé, *Itinéraire d'Alexandre III*.

(2) Note supra, p. 115 ou 200. *Robert de Thorigny*.

(3) Jaffé, N° 11234. Dom Bouquet, XV, p. 842.

(4) *Cartulaire de Moutiers en Argonne*, t. II, p. 136, — d'Arbois de Jubainville, *Histoire des Comtes de Champagne*.

comme témoin dans un acte de Manassé, évêque d'Orléans, au sujet de la chapelle de Marolles (1).

Au mois de décembre de cette même année, il fut promu à la dignité de diacre, dans la cathédrale de Sens, par Hugues de Toucy, archevêque de Sens (2).

L'année 1166 réservait à Guillaume de plus importantes affaires. Pour la première fois il assista à un concile réuni à Beauvais. Ni Héfélé, ni M. Labande dans son histoire de Beauvais ne parlent de ce concile. Du Plessis dans l'histoire de l'Eglise de Meaux en dit seul quelques mots.

Le concile avait été assemblé pour mettre un terme aux discordes et aux scandales causés dans le diocèse de Meaux par les moines de l'abbaye de Rebais (3).

Ceux-ci se prétendaient exempts de la juridiction de l'évêque de Meaux, s'appuyant sur une bulle d'Innocent II qu'ils avaient obtenue au moyen de pièces fausses. Leur abbé, Noël, s'était retiré à Cluny. Brice son successeur se soumit à Etienne, évêque de Meaux. Les moines furieux chassèrent les curés des paroisses où l'abbaye possédait des biens. Ils furent excommuniés par l'évêque et l'abbé.

Deux ans se passèrent ainsi, mais au concile de Beauvais tous furent excommuniés. L'Archevêque de Sens, Guillaume, élu de Chartres, les évêques de Meaux, de Paris, en informèrent par lettre (4) les autres prélats. Ce concile eut lieu avant le 24 juin 1166, le dernier terme fixé avant l'excommunication étant la fête de saint Jean-Baptiste (5).

A partir de cette époque de sa vie, le rôle de Guillaume

(1) *Cartulaire de Notre-Dame de Chartres*, vol. 1ᵉʳ, p. 173, Merlet éd.

(2) *Gallia*. ch. XII : « Sabbato ante Natale Domini 1165 ad diaconatus ordinem promotus est apud Senones ab Hugone archiepiscopo »

(3) Ces scandales de Rebais duraient depuis 1128. Cf. D. Toussaint du Plessis, *Histoire de l'Eglise de Meaux*.

(4) Dom Toussaint du Plessis, t. ii, pièce n° 107, page 55.

(5) « Nisi usque ad proximam diem Nativitatis Johannis Baptistæ « resipuerint excommunicavimus. » id.

aux Blanches-Mains s'étend de telle façon et son influence se fait sentir sur tant d'affaires différentes qu'il est difficile de les présenter ensemble. Nous marquerons donc simplement les événements les plus importants de la vie de Guillaume.

Le 3 février 1168 (1). Hugues de Toucy, archevêque de Sens, étant mort, le choix du chapitre se porta sur Guillaume aux Blanches-Mains.

La date de l'élection ne nous est pas parvenue, mais elle dut avoir lieu avant la fin d'octobre 1168, car nous avons une lettre à lui adressée par le Pape Alexandre III et datée du 23 octobre 1168 (3), dans laquelle se lisent les mots : « Willelmo Senonensi archiepiscopo electo. » S'il faut en croire l'archevêque de Cantorbéry, d'après une lettre qu'il écrivit au Pape, Guillaume aux Blanches-Mains aurait eu l'intention d'aller à Rome pour se faire sacrer par le Pape (4). La situation politique était alors assez tendue entre le Roi de France et Henri II ; aussi bien Louis VII préféra-t-il garder près de lui un conseiller dont il était sûr.

Guillaume resta donc près du Roi et sa consécration comme archevêque de Sens fut faite le 22 décembre de la

(1) Gams, *Series episcoporum*.

(2) « Obiit Hugo Senonensis archiepiscopus cui successit Guillelmus Theobaldi comitis Campaniæ defuncti filius, frater reginæ Franciæ Adelæ, qui erat Carnotensis electus sed nondum episcopus. » *Guillaume de Nangis*, D. B. XX, 738.

(3) Cette lettre n'est pas mentionnée dans Jaffé, mais on la trouve au t. VI, p. 485 : *Materials for the history of archbishof T. Becket* : James Grairie Robertson.

(4) *Materials* : etc., t. VI, p. 486.

« Venerabilis vir et virtutum radiis Gallicanam illustraturus, Deo, ut speramus adjuvante, ecclesiam, dominus Senonensis ad sedem apostolicam sicut intelleximus accedere desiderabat, a sanctitate vestra gratiam consecrationis ex proposito recepturus, sed devotissimus filius vester Christianissimus rex Francorum, hinc pericula itineris metuens inde regni necessitates patenter exponens .. electi suspendi consuluit iter, consecrationem ejus potius fieri quam deferri, sicut ab iis qui præsentes fuerunt accepimus. »

même année par Maurice de Sully (1) dans l'église Cathédrale de Sens (2).

Il y eut à Sens une grande assemblée de prélats et d'évêques pour cette consécration. Le roi et la reine y assistèrent, beaucoup de grands du royaume avec eux (3).

Bien qu'élu et consacré archevêque de Sens, Guillaume conserva, sur une dispense spéciale du Pape, l'évêché de Chartres. Nous avons, en effet, toute la série de ses actes comme archevêque de Sens et évêque de Chartres. Cette faveur lui avait tout d'abord été accordée pour deux ans (4), puis elle dut lui être prolongée, car il ne se démit de l'évêché de Chartres, qu'au moment où il fut élu archevêque de Reims.

Nous avons un acte de l'abbaye de Saint-Martin au Val-les-Chartres par lequel Thibaut, comte de Blois et dudit lieu, donne aux religieux de ce prieuré les près de Henri Prevort à la prière d'Hervé, prieur du dit Saint-Martin, en date de 1168, et qui contient la mention de cette double dignité : « *Guillelmo fratre meo cathedra Senonensis episcopatus residente et Carnotensem episcopatum tenente* (5).

Chacun recherchait l'amitié du nouvel archevêque de Sens. Dans une lettre adressée en 1168, le jour même ou

---

(1) Victor Mortet, *Maurice de Sully*. — *Gallia Christiana*, XI.

(2) Guillaume de Nangis : « Hunc Senonis consecravit **Mauritius** venerabilis Parisiensis episcopus. D. Bouquet, *Historiens de France*, XX ; 738, ex chronico Will. Godelli (*Chron. de Saint-Martial de Limoges* D. B. XIII, p. 677A.

Huic successit splendidissimus juvenis dominus Guillelmus Carnotensis electus sed nondum episcopus. Consecratus... est a domino Mauricio episcopo Parisiensi XI kal. januarii.

(3) Lettres de Thomas Becket au pape Alexandre III, *Materials*. etc..., VI, 489. ... rege et regina
      et primoribus regni assistentibus...

(4) Archiepiscopo quoque Senonensi in fata secedente, electus Carnotensis ei successit concesso tamen in episcopatu Carnotensi per biennium à papa Alexandro. *Robert du Mont*. D. Bouq. t. XIII, p. 312.

(5) Signalé par Souchet, t. II, p. 481. *Histoire du Diocèse et de l'Eglise de Chartres.*

le lendemain de sa consécration par Jean de Salisbury à Jean de Belmeis évêque de Poitiers, celui-ci fait de Guillaume un grand éloge : C'est, dit-il, un homme de grand avenir, de réputation fameuse, d'une grande autorité, et de beaucoup de puissance dans le royaume... Il n'y a dans le clergé français personne à l'égaler sous le rapport de la prudence et de l'éloquence (1).

Depuis l'année 1169 Guillaume porta le titre d'archevêque de Sens et celui de légat du Saint-Siège (2).

Des ambassades politiques (3), l'administration de son vaste diocèse (4), et des voyages divers pour visiter les églises qui dépendaient de son archevêché de Sens et de son évêché de Chartres occupèrent Guillaume aux Blanches-Mains durant cette année.

En 1170, par des lettres apostoliques du 28 mai, Guillaume fut chargé de réunir un concile à Paris pour condamner une proposition de Pierre Lombard, et empêcher qu'on l'enseignât dans les écoles (5).

Par ces lettres, le Pape Alexandre III recommande à Guillaume ce qu'il lui a déjà demandé de faire lors de leur rencontre à Sens, et le prie de combattre cette doctrine que le Christ n'est rien en tant qu'homme.

Nous n'avons sur ce concile aucun renseignement très certain (6). Héfélé dans le chapitre des synodes et conciles occidentaux n'en parle pas. Toutefois sous le n° 485 du *Cartulaire général de Paris*, M. de Lasteyrie signale une

(1) *Lettre de Jean de Salisbury à Jean, évêque de Poitiers.* Dom Bouquet, t. xvi. page 587.

(2) *Gallia.* t. xiii. « Et certe anno 1169 dicitur archiepiscopatus in charta Scarlcianum. Hoc quoque anno primo legitur sedis apostolicæ legatus in tabellis Barbelli.

(3) Chapitre II. Rôle politique de Guillaume.

(4) Dédicace de l'église de Josaphat.

(5) La proposition de Pierre Lombard consistait à savoir si le Christ en tant qu'homme est quelque chose. La lettre est indiquée par M. de Lasteyrie, *Cartulaire général de Paris*, n° 484.

(6) Notes de M. de Lasteyrie. *Cartulaire général de Paris*, n° 484.

lettre de Geoffroi de Sainte-Barbe à Jean, abbé de Beaujerais (1) qui semble bien indiquer que le concile fut réuni : l'abbé Geoffroi exprime les regrets qu'il a eu de ne pouvoir se rendre en Normandie lorsque son ami y est venu, vu la dure nécessité où il s'est trouvé de se rendre à un concile réuni à Paris.

Cette même année Guillaume dut faire un voyage à Rome pour défendre la cause de Thomas Becket dont il était un zélé partisan. Ce voyage eut lieu après le 12 octobre (3). Une lettre de Thomas Becket à lui adressée au mois de novembre nous apprend que Guillaume était à Rome à cette époque (4). Il voulait obtenir du Pape le droit d'excommunier Henri II si une réconciliation n'avait pas lieu entre lui et son ancien Chancelier. Quelques dates sèches sont les seuls renseignements que nous ayons sur Guillaume aux Blanches-Mains (6) pour les années qui suivent. Le 13 novembre 1175, Henri de France archevêque de Reims, mourut (7). Guillaume fut élu pour le remplacer (8).

(1) Martène, *Thesaurus anecdot.* t. Ier, col. 517.

(2) Baronius pense que la lettre adressée à Guillaume archevêque de Sens au sujet de Pierre Lombard fut écrite après le Concile de Latran, où la question de la doctrine de Pierre Lombard fut discutée et ne fut pas formellement condamnée par le pape sur les instances des cardinaux et d'Adam, évêque de Saint-Asaf. C'est là une allégation que démentent les faits.

(3) A cette date en effet eut lieu une réunion de rois entre Tours et Amboise et Guillaume y asista.

(4) Cf. Chapitre II, affaire Thomas Becket.

(5) Benoist Peterb. et Howeden. Miseratus etiam Anglicanæ ecclesiæ desolationem Willelmus Senonensium antistes sedam apostolicam petiit et a Roma ecclesia impetravit ut rex Anglorum, omni appellatione cessante, subjaceretur anathemati et regnum interdicto nisi pax Cantuariensi ecclesie redderetur.

Jean de Salisbury, *Materials*, t. II, page 315, *Vie de Thomas Becket.*

(6) Cf. Chapitre II. Rôle politique de Guillaume aux Blanches-Mains.

(7) Gams, *Series episcoporum.*

(8) Henrico defuncto Remis ad sedem eamdem de Senonensi transfertur Willelmus, genere clarissimus, prælatus omnibus mansuetudine et humilitate præclarus, *Nicolas d'Amiens.* D. B. XIV, p. 23.

La date de l'élection de Guillaume nous est inconnue. Toutefois elle dut être faite entre le 13 novembre 1175 et le 3 avril 1176 (1), car dans une souscription d'un acte du Cartulaire de la Val-Roi (2) on lit « Actum anno Verbi incarnati 1175, vacante sede Remensi, Willelmo Senonense archiepiscopo, Remensi electo ».

Le nouvel archevêque fit son entrée à Reims le 8 août de la même année (3).

Le 24 août 1177, nous le rencontrons à Marchiennes, où il fit la dédicace de l'Eglise (4), avec l'évêque d'Arras et l'évêque de Tournai.

Pour honorer le tombeau de celui dont il avait été l'ami et le défenseur, Guillaume entreprit un voyage en Angleterre vers le mois de juillet de l'année 1178 (5).

Il s'arrêta à Londres quelques jours, et le 27 juillet il arriva à Cantorbéry (6).

Le roi Henri II qui, mieux qu'aucun autre connaissait l'influence de l'Archevêque de Reims, le reçut à bras ouverts (7). Il se rendit en grande pompe au devant de lui, s'arrêta à Londres, Guillaume resta trois jours (8) dans

(1) Pâques tombait le 3 avril 1176.

(2) Bibliothèque Nationale, fonds latin, n° 10945, mss.

(3) Gams, *Series episc.* p. 608

D'après son épitaphe : « Bis denis sex cum simplice mense. »

(4) D. B XIII, p. 281. *Annales d'Anchin.*

(5) Après le 15 juillet. Le roi d'Angleterre qui le reçut à Londres ne rentra à Londres qu'à ce moment. (*Itinéraire de Henri II.* Stubbs.)

(6) *Raoul de Dicet.* éd. Stubbs, I. 426.

« Willelmus archiepiscopus Remensis ut orationum vota Thomæ martyri glorioso persolverit, in comitatu magno venit in Cantuarium, VI° kalendas Augusti.

(7) *Benoist de Peterborough*, I. 407, Stubbs.

« Cum que vero prædictus arch. in Angliam applicuisset, habuit ipsum regem sibi obvium et ab eo honorifice susceptus est. Et facta cum rege per aliquantulum temporis spatium mora, reversus est in suam patriam. »

(8) *Raoul de Dicet* : Stubbs, I. 426.

« Cum autem ei eximiorum nomine vasa 'plurima'concupiscibilia transmississet, præter Francorum consuetudinem, ab omnibus macette ville, fut logé au palais du Roi. A son départ Henri II voulut le combler de présents, mais plus discret que les autres grands personnages français, à en croire les chroniqueurs anglais, il ne voulut accepter qu'un présent sans conséquence.

Guillaume rentra en France par les Flandres (1). En passant par la ville d'Ardres, il fut invité par Beaudouin II à séjourner quelque temps dans le Comté (2).

Des fêtes furent données en son honneur, et le chroniqueur qui nous rapporte le fait, Lambert d'Ardres, nous a conservé un récit piquant de ces fêtes et de ces repas. On servit à Guillaume un grand festin composé de mets et de viandes de toutes sortes. Pendant tout le repas on versa des vins blancs, clairets, et vermeils dans les coupes et les gobelets, tant et si bien que les gens de l'archevêque, « natifs du pays de France », furent obligés de demander de l'eau pour tempérer la chaleur du vin. »

D'après Marlot (3), Guillaume revint par Amiens, il s'arrêta quelque temps dans cette ville pour traiter avec Thibaut III (5), évêque d'Amiens, qui était son parent, différentes questions de discipline ecclésiastique.

Au commencement de l'année suivante (1179), Guillaume partit pour Rome, afin d'assister au concile de Latran.

A la seconde session du concile (6), l'archevêque Guil-

num cohibuit, quædam tamen, quæ non ad muneris consequentiam extenderentur, in signum dilectionis a rege accipiens. »

(1) *Lambert d'Ardres* : Ch. de Guines. Dom. Bouq. t. XVIII. « Au temps que ung noble homme et digne de mémoire nommé Guillaume, archevêque de Reims, fils du comte Thibaut de Champaingne, acquita son pélerinage vers le glorieux martyr. S. T. de C. en passant par la ville d'Ardres, il fut convié en quelque repos par Beaudoin, comte de Guisnes. »

(2) Beaudoin II. (1169-1206) fils d'Arnoul Ier.

(3) XVIII, D. B. *Chronique de Guines.*

(4) Marlot, t. III.

(5) Thibaut III, évêque d'Amiens, 1169-1204

(6) 5. 19 mars 1179).

laume fut élevé à la dignité de cardinal prêtre du titre de Sainte-Sabine.

Presque tous les chroniqueurs sont d'accord sur le fait et sur la date (1).

Toutefois les historiens postérieurs ont commis à ce sujet quelques erreurs.

Ainsi Ciaconius dans son histoire des cardinaux dit que Guillaume fut créé cardinal prêtre de Sainte-Sabine par Alexandre III et cardinal évêque de Preneste par Célestin III. L'erreur est évidente, car jusqu'à l'année de sa mort Guillaume ne porta jamais que le titre du cardinal prêtre de Sainte-Sabine. Quant à Parminus son assertion est aussi fausse. Il affirme que Guillaume fut créé cardinal par Clément III.

Ces deux auteurs sont formellement démentis par Rigord, par Howeden, et les autres chroniqueurs Anglais et enfin par les bulles apostoliques du mois d'avril 1179 sur lesquelles Guillaume apparait comme témoin avec le titre de cardinal prêtre de Sainte-Sabine du 8 avril au 10 du même mois (2).

Guillaume aux Blanches-Mains dut avoir à cette occasion une nouvelle dispense du Pape, car il conserva son archevêché tout en étant Cardinal (3).

A la fête de la Toussaint de la même année, Guillaume sacra à Reims Philippe-Auguste. Louis VII vieillissant avait voulu que cette cérémonie s'accomplit avant sa mort. La maladie qui avait atteint Philippe-Auguste fit retarder cette cérémonie qui devait avoir lieu le 15 août de cette année.

(1) Rigord Ed. Delaborde.
Howeden. t. ii, p. 170. éd. Maitres des Roles, « In quo concilio Willelmus Remensis factus est presbyter cardinalis ad titulum sanctæ Sabinæ » (14 mars).
(2) Jaffe. *Regesta.* Alexandre III.
(3) Thomassin : *Anc. et nouv. disc.* p. II, 13. C. 5 : Les évêchés suburbicaires qui étaient titres cardinalices étaient les seuls qui au XIIᵉ siècle ne fussent pas incompatibles avec le cardinalat.

De grandes fêtes eurent lieu à Reims (1). Il se fit un grand concours de rois, de grands, de prélats à cette occasion.

L'Archevêque de Reims à qui incombaient les frais du sacre dut faire les choses avec générosité et n'épargner ni les fêtes ni les banquets ; aussi bien dût-il réclamer des subsides au chapitre (2) de l'église de Reims et aux bourgeois de la ville (3). Un fait a été mis en avant, à cette occasion par Du Tillet (4), le Père Anselme (3), et se retrouve dans Marlot. C'est qu'à l'occasion du sacre de Philippe-Auguste, Louis VII aurait créé Guillaume aux Blanches-Mains duc et pair ecclésiastique. Les historiens s'appuyaient sur le procès-verbal du sacre de Philippe-Auguste. La critique moderne rejette comme faux ce document (6). Du reste l'histoire de l'institution des pairs est assez confuse encore (7).

Quoi qu'il en soit on peut affirmer que l'archevêque de Reims, Guillaume, ne fut pas le premier pair ecclésiastique de cette église.

Rigord, éd. Delaborde, dit :

« Surveniente autem omnium sanctorum festivitate, Philippus Augustus, convocatis archiepiscopis, et omnibus terræ suæ baronibus, a Willelmo, archiepiscopo, tituli sancte Sabine, presbytero cardinali, apostolice sedis legato, ipsiusque regis avunculo, coronatus est Remis, adstante Henrico rege Anglie, ex una parte coronam super caput regis Francie ex debita subjectione humiliter portante, cum omnibus archiepiscopis episcopis ceterisque regni principibus... »

(1) D. Bouquet, t. xii, 214, 221, 788, etc... t, xiii, 181, 203. 282, 323, 423, 475, etc., sur le sacre de Philippe-Auguste.

(2) Warin : Arch. adm. de la ville de Reims, t. i^{er}, Ire partie page 384.

(3) Rogier remarque que les premiers mots de la charte de 1182 rétablissant l'échevinage font allusion à cette aide généreuse. Varin ne ne le croit pas. Nous nous rangeons à l'avis de ce dernier.

(4) *Généalogie des comtes de Champagne.*

(5) *Gallia Christ.* IV, col. 96, reproduit la même assertion.

(6) Procès-verbal du sacre de Philippe-Auguste. Note de M. A. Molinier. Nouvelle édition de l'*Histoire du Languedoc*, t. viii, p. 78.

(7) Luchaire, *Manuels des Institutions*, p. 560.

Le titre de pair est mentionné pour la première fois dans une lettre de 1175 adressée par Pierre Bernard du Coudrai, prieur de Grandmont à l'archevêque de Reims, Henri de France (1). Ce titre ne se retrouve plus ensuite dans les textes, de telle sorte que les historiens qui ne connurent point cette lettre ont été induits en erreur.

Le dimanche qui suivit les fêtes du sacre, un concile fut réuni à Reims sous la présidence de Guillaume. Il avait convoqué tous les évêques de la Belgique seconde, et on traita de toutes les questions qui intéressaient l'Eglise et les évêques (2).

A cette même année se rapporte un voyage fait par l'archevêque de Reims à Lobes ; à quel moment et pourquoi, nous l'ignorons (3).

La confiance qu'inspirait le cardinal de Champagne le fit charger vers la fête de la Saint-Martin, d'une mission charitable par l'évêque d'Evreux. Roger évêque de cette ville mourut (1180) et il lui confia ainsi qu'à l'évêque de Rouen, le soin de partager entre les pauvres une somme qui se montait à plus de 50 livres d'argent (4).

Au moment des querelles intestines qui marquèrent les débuts du règne du jeune roi Philippe, Guillaume aux Blanches-Mains fit en Angleterre un second pèlerinage au tombeau de Thomas Becket. Il s'embarqua pour Douvres vers le mois de septembre et resta quelques jours à conférer avec le roi à Winchester. Il revint ensuite en France par le même chemin. Ce voyage eut un

(1) Dom Bouquet, t. xvi, **page 472**.

« Bone Deus ! auribus nostris audivimus et patres nostri : Princeps Henricus de Francia, par Franciæ, dux et archipresul Remensis, domnus Guillelmus Albimanus, Senonensis archiepiscopus... etc...

(2) D. Bouquet. XIII, 282.

(3) D. Bouquet, XIII. 584.

Willelmus, R. arch. ap. Sed. leg. Lobias venit, comitatus Cameracensi episcopo et comite Hagnoensi. Causam adventus eorum alibi require.

(4) Benoist Peterb. XVIII, p. 449. Dom Bouquet.

but politique plutôt que religieux, très probablement (1).

Un acte d'intolérance religieuse marque l'année, 1183 (2). (1184 n. s). Après la fête de Noël de cette année, Guillaume se rendit à Arras, il conféra avec Philippe d'Alsace, et instruisit pendant ce temps un procès contre les hérétiques ; d'après les uns des Manichéens, d'après les autres des Ariens ou des Patarins. Toujours est-il qu'un grand nombre de « nobles, de gens du bas peuple, de clercs, de chevaliers, de paysans, de vierges, de veuves » furent condamnés au supplice du feu (3).

A la fin de cette même année Guillaume aux Blanches-Mains partit pour Rome. Le pape Lucius III l'avait mandé, mais Philippe-Auguste tenait à ce moment à garder près de lui son oncle : « *l'œil de ses conseils* », et il avait fait écrire au Pape de permettre à Guillaume de différer son ·voyage (4).

Les difficultés qui avaient empêché ce voyage s'aplanirent sans doute. Car nous trouvons l'archevêque de Reims à Rome en octobre et jusqu'au mois de décembre (5).

Au mois de janvier 1188, il y eut entre Trie et Gisors une assemblée des rois de France, d'Angleterre et du comte Philippe d'Alsace. La croisade fut décidée dans cette réunion et Philippe-Auguste y reçut la croix des

(1) Benoist de Peterborough.

Au mois de septembre, et au mois de décembre seulement, Henri II se trouva à Winchester. (Cf. Chapitre II.) Stubbs. *Itinéraire de Henri II.*

Cf. Chapitre II. Rôle politique.

(2) Ce fait se passa au début de l'année 1184, puisque le chroniqueur d'Anchin dit « transactis diebus Nativitatis. »

(3) *Annales d'Anchin.* Dom B. XVIII, p. 536. Rigord, éd. Delaborde, page 22.

« Eodem tempore combusti sunt multi heretici in Flandria a Guillelmo. rev Rem. arch., etc...

(4) Cf. Chapitre II.

(5) Jaffé : *Reg. Pontif.* Lucius III. Le cardinal de Sainte-Sabine apparaît comme témoin dans les bulles pontificales du 1er octobre jusqu'au 11 décembre.

mains de Guillaume, archevêque de Tyr, et de son oncle, l'archevêque de Reims (1). Philippe-Auguste, ne pouvant plus reculer devant la menace d'excommunication du Cardinal Jean d'Agnani, malgré le désir peu vif qu'il avait de gagner la Terre-Sainte, reçut en 1190 le bourdon et le bâton de pèlerin à Saint-Denis des mains de Guillaume (2).

Mais avant de partir il tint à régler les affaires de son royaume et à en laisser la garde en bonnes mains.

Quatre jours après la fête de saint Jean-Baptiste, Philippe-Auguste, ayant réuni les grands à Paris, déclara laisser la régence de son royaume à sa mère Adèle et à son oncle, le Cardinal de Champagne (3).

D'après une lettre d'Etienne de Tournai, datée de l'année 1191, Guillaume aux Blanches-Mains dut vers cette époque faire une maladie assez grave, car son correspondant, qui s'occupait beaucoup de sa santé et s'en plaignait souvent, écrit à cette époque que la double charge et le double honneur d'avoir à diriger un diocèse et un royaume devaient être pénibles à une personne plus exposée au travail, que disposée à subir la fatigue. L'éditeur des lettres d'Etienne de Tournai pense que cette opposition des termes indique une constitution délicate. Nous ne le croyons pas, car cette constitution débile n'aurait guère permis à Guillaume de supporter la vie active qu'il menait, et d'entreprendre perpétuellement de longs et fatigants voyages (4).

(1) Raoul de Dicet. Dom Bouquet, XVII, p, 629, le 22 janvier 1188.
(2) Philippus sportam et baculum peregrinationis Guillelmi Remensis archiepiscopi devotissime accepit (le 24 juin 1190). Rigord, p. 69, éd. Delaborde.
(3) Rigord. *Testament de Philippe-Auguste*, p. 99 et suiv., éd Delaborde.
(4 Desilves. Note à la lettre CXCIX. L'éditeur renvoie à une lettre adressée à Guillaume de Bievres, p. 230, de son édition : les expressions ne sont plus les mêmes, il dit en parlant des infirmités de ce dernier : cerebrum debile, pectus aridum, stomacus frigidus, et emploie le mot *Corpusculum tuum*.

De nombreuses occupations absorbaient Guillaume aux Blanches-Mains (1).

Jusqu'au retour de Philippe-Auguste, la politique, l'administration du royaume et du diocèse furent ses seules pensées (2). Deux grands faits marquent l'année 1192.

Ce fut en effet cette année-là que Guillaume consacra à Reims l'évêque élu de Liège, Albert, frère du duc de Lorraine (3).

Les démêlés d'Albert de Liège avec l'empereur d'Allemagne sont trop connus pour les rappeler ici longuement.

Au mois d'août 1192, Albert de Liège avait quitté Rome et après être revenu sur les terres de son frère Henri de Lorraine, il en avait été chassé sur l'ordre de l'empereur. De là suivant les recommandations du Pape, il avait été trouver l'archevêque de Cologne, Brunon, alors allié du roi de France, mais celui-ci étant malade n'avait pu le consacrer (4). Albert de Liège vint alors à Reims. Guillaume le reçut dans sa propre maison (5).

Le 19 septembre il l'ordonna prêtre (6) et le dimanche suivant, veille de la fête de saint Mathieu (7), Albert de Liège fut consacré évêque la cérémonie de l'hommage eut lieu ensuite ; ses partisans et le duc de Bouillon lui prêtèrent serment de fidélité (8).

Pendant ce temps, l'empereur qui patronnait Lothaire, prévôt de l'église de Bonn, mécontent de ne pas voir son protégé élu, interdit à Albert l'entrée de son évêché, pilla

---

(1) « Nos innumeris arduisque regni nobis a Domino rege commissi occupati negociis ». Préambule d'un acte de 1192, *Collection Moreau*, V. 94, f° 109.

(2) Cf. Chapitre II.

(3) *Marlot*, t. III.

(4) *Gilbert du Mont*, XVIII, p. 413.

(5) *Rigord*, éd. Delaborde, p. 112.

(6) *Annales d'Anchin*, Dom Bouquet, t. XVIII, p. 545 (le samedi jour des Quatre-Temps d'Automne).

(7) 20 sept. 1192.

(8) *Ex Aegedii Aureæ Vallis monachi*, Ch. t. XVIII, p. 646. D. B.

les maisons des clercs, ses partisans (1). Sur ces entrefaites Guillaume aux Blanches-Mains, qui avait retardé son voyage en Espagne pour consacrer l'évêque de Liège, partit pour Saint-Jacques de Compostelle (2).

Albert de Liège dut demeurer à Reims, mais le 24 novembre 1192, d'après le nécrologe de Reims (3), il fut assailli à coups de couteau et d'épée par des traîtres que l'empereur avait soudoyés et qui le firent passer de vie à trépas.

La mention de Rigord et celle du nécrologe de Reims semblent suffisantes pour justifier Guillaume de l'accusation qu'on a portée contre lui d'avoir laissé mourir de faim l'évêque de Liège, qu'il aurait enfermé dans sa maison (4).

Sur le voyage de Guillaume en Espagne nous n'avons aucun renseignement. Nous ne savons ni ce que Guillaume y fit ni la date de son retour. Nous ne sommes pas mieux renseigné sur un fait qu'avance Marlot dans son histoire de la ville de Reims.

« Innocent III, dit-il, ayant été élu Pape en 1198, créa
« l'archevêque Guillaume son légat en Allemagne, et il
« le chargea d'aller à Cologne pour apaiser le schisme
« arrivé à Mayence depuis la mort de Conrad, cardinal
« que Frédéric inquiétait. Guillaume ayant approuvé l'é-
« lection de Guillaume évêque du Mans, dont Philippe
« portait les intérêts, confirma celle de Siegfried, élu par
« le suffrage libre de la moindre mais plus saine partie
« des chanoines. »

(1) *Annales d'Anchin*. t. XVIII, p 545.
(2) *Ex Reg. Aureæ Wallis*, etc... t. XVIII, p. 646. D. B. Statimque dominus Remensis ipsum commendans ecclesiæ Remensi, et populo civitatis eique valedicens aggreditur peregrinationem suam quam assumpserat in Hispaniam ad sanctum Jacobum apostolum et celer exiit ab urbe Remensi.
(3) Varin. t. 1er, 1re partie.
(4) *Rigord*. ch 78, éd. Delaborde.
Guillaume Le Breton, p. 193. id. Reims.

Les dispositions amicales d'Innocent III à l'égard de
l'archevêque de Reims ne durèrent pas toujours. Guillaume ayant joué dans l'affaire du divorce de Philippe
Auguste un rôle prépondérant le pape retira à l'archevêque de Reims une partie de la confiance qu'il lui avait
marquée. Il lui supprima même le titre de légat en France,
qu'on ne retrouve plus dans les dernières années (2). Celui ci n'ayant pas obéi aux ordres de l'interdit jeté sur le
royaume, Innocent III le suspendit de ses fonctions d'archevêque.

Aussi bien, Guillaume dut-il en 1201 se rendre à Rome
pour être relevé de cette disgrâce.

Ce fut à la fin de l'année 1201 que Guillaume entreprît
ce dernier voyage en Italie. Il y séjourna au mois de décembre 1201. Il reprit le titre de légat en 1202, car il sous-
crivit à cette époque une bulle d'Innocent III (3). En janvier 1202 il était à Agnani. Deux actes publiés par Varin (4) sont datés de cette ville en janvier 1202.

Ce devait être le dernier voyage de Guillaume aux
Blanches-Mains. Car au mois de septembre de la même
année, il expira subitement d'une attaque de paralysie (5),
à Laon, le 7 septembre (6).

Guillaume aux Blanches-Mains fut enterré à Reims,

(1) *Marlot*, t. III, p. 494.

(2) *Gesta Innocentii III*. Qui vero summus Pontifex reservaverat sibi
correctionem eorum qui ab initio non servaverant sententiam inter-
dicti et ipsi sententiam suspensionis incurrerant, quam legatus pro-
tulerat in eos qui eamdem sententiam non servarent, compulsi sunt
ad apostolicam sedem personaliter laborare. Venerunt igitur Remensis archiepiscopus, Carnotensis, Aurelianensis, Meldensis... etc.

(3) Cf, Léopold Delisle. *Etude sur les actes du pape Innocent III*. Bibliothèque de l'école des Chartes.

(4) Varin, arch. ad. t. Ier, 2e partie.

(5) Guillermus Remensis archiepiscopatus dum Laonnum venisset
morbo subitaneo preventus opprimitur et obtruso lingue officio mo-
ritur intestatus.

(6) Longnon, *Obituaires du diocèse de Paris*. pages 583 et 593.

en grande pompe et sur son tombeau on grava cette épitaphe.

Moribus excelsior, providus, mitis, prudens et pacis amator
Annis bis denis et sex cum simplice mense
Prefuit archiepiscopus Willelmus in urbe Remensi,
Septima septembris idus fuit finis meæ vitæ (1).

(1) *Marlot*, III, p. 449, *Nécrologe de Reims*, donne le 5 septembre, (V des ides), d'autres, celui de Rebais, le 6 septembre, celui de l'église de Chartres le VIII des ides de sept

CHAPITRE II

ROLE POLITIQUE DE GUILLAUME AUX BLANCHES-MAINS

Le personnage le plus influent de cette époque, celui sur qui allait reposer l'administration du Royaume était le cardinal de Champagne, archevêque de Reims (1).

Cette assertion d'un historien de Philippe-Auguste est absolument juste. Elle ressort clairement de l'examen des documents.

Quant à savoir dans quelle mesure et dans quelle proportion Guillaume influa sur l'esprit de Louis VII et de Philippe-Auguste, sur celui des grands et du roi d'Angleterre, la chose est plus malaisée à définir.

D'après les renseignements qui nous sont parvenus dans les chroniques françaises et anglaises il serait difficile de déterminer si Guillaume aux Blanches-Mains eût à proprement parler une ligne de conduite en politique. Tout ce qu'on peut affirmer c'est qu'il joua un rôle très important, et que presque toujours, sinon dans tous les cas, il se laissa guider par l'intérêt de la Royauté, quitte à subir quelques disgrâces de la part de la Papauté, au temps d'Innocent III. Il eut parfois pour le roi certaines condescendances sur lesquelles nous aurons à revenir plus longuement.

Dès l'année 1168, il semble que Guillaume ait déjà joui d'un rang assez élevé dans les conseils de Louis VII, car la lettre de l'évêque de Rouen, Rotrou, à lui adressée, contient ces mots :

(1) Capefigue, *Histoire de Philippe-Auguste*, t. 1er, p. 96.

« Sane cum de discretione et consilio vestro dispositio
« regni Francorum tota dependeat (1). »

L'importance de ces mots n'a pas échappé à l'historien
des premiers capétiens, et M. Luchaire l'a fort bien si-
gnalée.

Cette influence de Guillaume devait se manifester
principalement sous le règne du « faible et indécis »
Louis VII (2), mais elle ne devait pas disparaître avec lui.

Après avoir eu des velléités de s'appuyer sur la maison
de Flandre, Philippe-Auguste en revint aux conseillers
de son père, et en 1184 (3) le roi fit écrire au Pape Lucius III une lettre qui montre clairement le rôle de Guillaume et la confiance qu'on avait en lui.

Plus qu'aucun autre, disait le roi, l'archevêque de Reims
nous est utile ; les grands et les puissants combattent
notre jeunesse, et mieux que personne ce dernier nous
seconde. Il est l'œil de nos conseils, notre main droite
dans les affaires. L'éloigner de nous en ce moment c'est
faire le succès de nos ennemis qui attendent que nous
soyons sans amis et sans armes.

En 1185 (4) Rigord nous apprend que Thibault comte
de Blois, et Guillaume de Champagne étaient les deux
personnages à qui le soin des affaires était confié.

En 1190 (5) à celui qui n'avait jamais eu le titre officiel
de ministre, Philippe, partant pour la Croisade, confiait
le soin du royaume ainsi qu'à la reine-mère.

(1) Dom Bouquet, t. xvi, p. 632.
(2) A. Luchaire, *Histoire de Philippe-Auguste*.
(3) *Lettre d'Etienne de Tournai* : éd. Desilves, 1184 est la date adoptée
par M. Léopold Delisle et l'abbé Desilves. Comme l'hésitation n'est
guère possible qu'entre les années 1181 et 1184, nous pensons avec
M. Léopold Delisle qu'elle ne peut être que de cette dernière date, vu
l'éloignement dans lequel Philippe-Auguste avait tenu la maison de
Champagne en 1180 et 1181. A cette date les expressions n'eussent
pas été les mêmes. Lettre CXVII. *Catalogue des actes de Philippe-Auguste*. page 24. N° 96.
(4) Rigord, § 27, éd. Delaborde.
(5) Rigord, *Testament de Philippe-Auguste*, éd. Delaborde.

Cette série de textes, à dates différentes, suffit à montrer que, sa vie durant, Guillaume eut à s'occuper des affaires de France.

Nous allons le suivre d'abord dans les affaires politiques extérieures, dans les négociations avec le roi d'Angleterre et avec le comte de Flandre, les deux ennemis de la Royauté et ses deux grands adversaires au XIIe siècle.

1°. — AFFAIRES EXTÉRIEURES.

C'est en l'année 1168 que les chroniques et les documents font mention pour la première fois de Guillaume aux Blanches-Mains (1).

A ce moment Henri II désirait faire la paix avec Louis VII. Il cherchait à la Cour de France des personnages qui eussent l'estime et l'amitié du roi de France (2).

« Ayant appris qu'au nombre de ces derniers était l'évêque Guillaume il le pria de vouloir bien servir de médiateur entre le roi de France et lui, promettant de faire la paix et de partir en Egypte, si le roi de France le dé-

(1) Pour les questions de politique générale nous avons suivi l'exposé du règne de Philippe-Auguste par M. A. Luchaire, éd. Hachette.

(2) *Lettre de Jean de Salisbury*, après le 12 mai. Dom Bouquet, t. XVI, p. 586.

... Ceterum aliquatenus inductus fuit contemplatione devotionis quam regem Angliæ opinatus est concepisse. Cum enim idem rex pro reformanda sibi pace Francos de quorum amicitia confidebat operosius sollicitacet, et electum Carnotensem didicisset christianissimo regi familiarem esse præ cæteris, eo quod alios optimates præcedere creditur in timore Domini et operibus sapientiæ, accessit ad eum affectuosius supplicans ut eum reconciliaret domino suo, cum quo et pro quo, si placeret. paratus erat in Ægyptum proficisci. Electus vero, utpote vir prudentissimus, volens verbi latebras sibi profundius aperiri : « Estne, inquit, verum quod dicitis ut cum eo velitis ire Hierosolymam ? » At ille : « Nihil unquam feci libentius, si placuerit domino meo, et me permiserit domui meæ disponere et liberis providere ». Carnotensis autem, etsi dolum subesse suspicaretur, hoc retulit regi Francorum.

sirait, et lui permettait de pourvoir à l'établissement de
ses enfants. Guillaume, bien que soupçonnant sous ces
paroles quelques ruses, rapporta la demande au roi de
France. La paix ne fut pas faite cette année-là. Elle ne
devait être signée que le 6 janvier suivant à Montmirail (1). Guillaume assista à Montmirail à la signature
du traité de paix. Il s'occupa principalement durant cette
entrevue des rois de France et d'Angleterre de la réconciliation entre Henri II et l'archevêque de Cantorbery (2).

La guerre entre les deux rois ne devait pas tarder à
éclater de nouveau. Guillaume aux Blanches-Mains cherchait à ce moment toutes les occasions de nuire à l'ennemi de l'Eglise d'Angleterre ; aussi bien entra-t-il dans
la ligue formée contre le roi Henri par son fils Richard,
qui, désappointé de ne pouvoir obtenir le gouvernement
effectif de l'Angleterre ou des domaines angevins, s'était
retiré à la cour de France. Il poussa Louis VII à adhérer
à cette ligue. Cette fois Henri II allait avoir à se défendre
contre français et bretons qui envahirent la Normandie.
Dans ces guerres la Normandie était le pays qui souffrait
le plus. Ce fut à cette occasion que Rotrou, évêque de
Rouen, adressa à Guillaume une lettre flatteuse dans laquelle il le priait d'user de son influence pour obtenir la
paix et que les églises Normandes ne fussent point encore une fois dévastées. Il demandait surtout protection
pour l'église des Andelys (3) : « quoique jeune encore vous
« surpassez en sagesse les vieillards et votre vie régulière
« au milieu des séductions qui entourent les avantages
« du corps, de la naissance et du crédit dont vous jouis-
« sez, vous donne l'apparence d'un ange plutôt que d'un

---

(1) *Materials for the history of Thomas Becket*, t. III. p. 96.
« Aderant in illa sententia archiepiscopi Remensis, Senonensis,
Rothomajensis, rex Francie, episcopi et abbas de Monte-Dei.
(2) Guillaume aux Blanches-Mains et Thomas Becket. Cf. chap. III.
(3) La ville des Andelys avait été brûlée par Louis VI et par
Louis VII. en 1167.

« homme. Je n'insisterai pas davantage sur vos autres
« vertus qui tiennent du prodige ; votre réputation d'hon-
« nêteté et de prudence est tellement répandue au près et
« au loin que vous n'avez aucun besoin de nos éloges.
« Mais, puisque la direction du royaume dépend de vous
« et de vos conseils, puisque les cœurs des rois sont dans
« votre main, et que les peuples s'inclinent devant vos
« décisions, recherchez quels sont les moyens de faire la
« paix et si il n'y en a pas, faites en sorte que les biens
« ecclésiastiques n'aient pas à souffrir de l'incursion des
« armées ennemies (1). »

Les demandes de paix ne furent d'aucun effet. La guerre
de 1173 eût pour théâtre la Normandie qu'on dévasta
une fois de plus. Au mois d'août de cette même année
Louis VII assiégeait la ville de Verneuil dans le Perche.
Les habitants avaient fixé une date pour se rendre s'ils
n'étaient secourus ; le terme approchant, et Louis VII,
craignant de ne pouvoir s'emparer de la ville, envoya au
roi d'Angleterre une ambassade extraordinaire composée
de Guillaume aux Blanches-Mains, de son frère Robert,
et de Thibault de Blois. Les envoyés devaient traiter de
l'éventualité de la paix et demander une suspension
d'armes (2), garantissant au roi d'Angleterre que si la
ville se rendait au terme fixé on lui rendrait les otages
libres, sains et saufs, Louis VII promettait de ne pas leur
faire de tort et de ne pas permettre qu'on leur en fit (3).

---

(1) Rotrou, Dom Bouquet, t. xvi, p. 632.

(2) Howeden, p. 50, t. ii, éd. *Maîtres des Rôles*, « et juraverunt eis
quod si ipsi reddidissent burgum illum regi Franciæ ad terminum
statutum, rex Franciæ redderet eis obsides suos liberos et quictos et
quod eis nullum damnum faceret nec ab aliis fieri permitteret.

(3) A fortnight later Henry set on at the head of all his available
forces to the relief of Verneuilly, which Hugh de Sacy and Hugh de
Beauchamps were defending against the king of France ; by a double
treachery, Lewis under cover of a trust gained possession of the
town, set on the fire.
Miss Kate Norgate · *England under the Plantagenets*, t. ii, p. 247.

L'ambassade partie, le roi Louis VII incendia la petite ville.

Cette lutte entre Louis VII et Henri II ne laissait pas que d'émouvoir la Papauté. De son côté, Alexandre III cherchait à ramener la concorde entre les deux rois et Richard. Il avait chargé plusieurs dignitaires de l'Eglise d'amener les deux rois à faire la paix, et le 28 août 1173 il écrivait à l'archevêque de Reims, Henri de France, d'agir de concert avec l'archevêque de Sens pour arriver à la conclusion d'un traité (1).

Malgré tous ces efforts la guerre se poursuivait. Louis VII essaya de s'emparer de Rouen, mais inutilement. Au mois d'août 1174, il se décida à envoyer une nouvelle ambassade au roi d'Angleterre.

Le 13 août 1174 (2), après une attaque du camp français, l'archevêque de Sens et Thibault de Blois partirent pour proposer au roi d'Angleterre un armistice qui permit à Louis VII de se retirer jusqu'au lieu dit Malhauney. Le lendemain on devait fixer un lieu de réunion pour traiter de la paix. Le roi d'Angleterre, sur les serments des deux envoyés, accepta ces conventions. Le roi de France, ne respectant ni la foi ni les serments donnés, s'enfuit jusque dans ses Etats. Guillaume aux Blanches-Mains et Thibault fixèrent toutefois avec le roi d'Angleterre une entrevue qui devait avoir lieu à Gisors, le 8 septembre (3).

Mais à cette date on ne put se réunir et on fixa un nou-

1) Alexandri epistolæ, D. Bouquet.

(2) Benoist Peterb, t. 1er, p. 75 (Stubbs).

(3) « Venerunt Rotomagum archiepiscopus Senonensis et comes Theobaldus et cœperunt colloquium inter regem Angliæ et regem Francie in Nativitate Beate Marie apud Gisortium, et non potuit ibi inter eos convenire, sed alium cœperunt colloquium inter se ad festum Michælis inter Turonium et Ambasium. Et instante festo S. Michælis convenerunt ad colloquium inter Turonium et Ambasium in loco qui dicitur Mons Laudatus. Et in crastino. S. Michælis, scilicet pridie kalendas octobris, feria IIa, juvenis rex et fratres sui, per consilium regis Franciæ rediderunt se patri suo regi Angliæ misericordiæ sue. Benoist Peterb. XIII, p. 161. D. B.

veau lieu de réunion entre Tours et Amboise pour le 29 septembre. Cette fois on signa la paix à Montlouis et les fils du roi d'Angleterre sur le conseil de Louis VII se rendirent à merci. Cette seconde ambassade de Guillaume eut lieu, d'après Howeden, le 7 septembre 1174 (1).

C'est la dernière médiation de Guillaume dont il soit fait mention d'après les chroniqueurs jusqu'à l'année 1179. Nous le perdons de vue jusqu'à cette époque. A partir de cette date, il abandonna pour un temps le parti du roi de France, s'allia avec le roi d'Angleterre momentanément. Voici dans quelles circonstances.

« Dans la dernière partie de son règne le faible et in « décis Louis VII s'était laissé constamment diriger par « sa femme et ses quatre beaux-frères, Henri, comte de « Champagne, Thibault, comte de Blois et de Chartres, « Etienne, comte de Sancerre et Guillaume, archevêque « de Reims » (2).

Philippe-Auguste en prenant possession effective du royaume, allait sous l'impulsion de Philippe d'Alsace, comte de Flandre, bouleverser les habitudes reçues.

Il allait abandonner la politique traditionnelle, en épousant Isabelle de Hainaut, nièce du comte d'Alsace. La maison de Champagne en fut tout indignée, car on n'avait consulté aucun membre de celle-ci (3). On avait méprisé les conseils de cette famille, et Philippe-Auguste semblait n'avoir plus de confiance dans les anciens ministres de son père.

(1) Howeden II, 66. Stubbs.
(2) A. Luchaire, *Philippe-Auguste*.
(3) Ex Gervasii Dorob. chr. D. B. XVII, p. 661.
« Anno gratiæ MCLXXX, mense aprili, novus rex Franciæ Philippus Ludovici regis filius, desponsavit filiam comitis de Hano : unde suorum avunculorum omniumque fere nobilium Franciæ indignationem incurrit, eo scilicet quod, suorum spreto consilio, comiti Flandriæ soli credebat, et quod per ipsius consilium uxorem de tam humili progenie sibi associare voluerit in reginam. Auxit quoque indignationem, quod matri suæ annuere noluerit ut in sua dispositione haberet castella vel villas suæ dotis.

Il suivait les conseils de son oncle Philippe d'Alsace (1).

Ses oncles de la maison de Champagne se mirent en relations avec le roi d'Angleterre.

En outre Guillaume aux Blanches-Mains (2) qui avait fait des difficultés pour sacrer la nouvelle reine, fut froissé de ce que, méconnaissant les privilèges de l'église de Reims, récemment confirmés par une bulle d'Alexandre III, Philippe-Auguste eût fait couronner la jeune Reine à Saint-Denys par l'archevêque de Sens. Le 29 mai 1180, il s'en plaignit au Pape.

Une ligue se forma qui se composait de la reine Adèle, des quatre oncles de Philippe-Auguste, et de Henri II, Des deux côtés on se prépara à la guerre. Mais tout se borna à des préparatifs militaires. Le roi de France qui avait supprimé à sa mère la libre jouissance des fiefs de sa dot, signa la paix avec elle, le 28 juin 1180, entre Troyes et Gisors.

L'année suivante, le 14 mai 1181, les frères d'Henri de Troyes, comte Palatin (3), qui venait de mourir, sa veuve Marie, comtesse de Champagne, se réunirent à Provins (4). Le comte de Hainaut, Beaudouin V et Philippe

(1) Benoit Peterb. t. 1er, p. 244 (Stubbs).

(2) Quod cum Willelmo Remensi archiepisco constaret, indignatus est vehementer et Alexandro summo pontifici conquestus est de transgressione Senonensis archiepiscopi qui contra jus et dignitatem Remensis ecclesie reginam Francorum præsumpserat coronare.

Howeden II, p. 196 (M^{tr} de R.).

(3) Mort le 17 mars 1181.

(4) Gilbert du Mont, p. 365, t. xviii, *Histoire de France.*

Anno domini sequente MCLXXXI per mediatores quosdam, defuncto Trecensi comiti Palatino, ejus uxor vidua, Maria comitissa, ejusdem Henrici fratres scilicet Willelmus archiepiscopus Remensis et Theobaldus et Stephanus comites cum sæpedicto comiti Hanoniensi et cum Philippo comiti Flandrensi conventiones matrimoniorum antea bis juratas quia per matrimonium Elisabeth Reginæ Francorum in parte læse videbantur, renovaverunt, multorum juramentis interpositis. Unde comes Hanoniensis cum comiti Flandrensi eodem anno, die Ascensionis Domini Pruvinum comitis Campaniensis cas-

d'Alsace, comte de Flandre, y vinrent aussi. On renouvela
les conventions de 1179 au sujet des alliances des deux
familles de Hainaut et de Champagne. Tous se trouvaient
lésés par le mariage de Philippe-Auguste avec Isabelle,
nièce du comte de Flandre, dit le chroniqueur. Les uns,
la maison de Champagne dans ses intérêts et dans son
amour-propre, le comte de Flandre, par suite des promesses faites à son neveu, le roi de France. On convint
dans cette assemblée que Henri, fils aîné du comte de
Champagne, épouserait Yolande, fille de Beaudouin V et ,
que son fils, Beaudouin Ier, épouserait Marie, fille du
comte de Champagne.

Guillaume aux Blanches-Mains se porta garant de ces
conventions.

L'alliance se resserrait donc à ce moment entre les maisons de Flandre et de Champagne également mécontentes
contre le nouveau Roi.

Pendant que se formait la ligue, qui devait attaquer
Philippe-Auguste, Guillaume aux Blanches-Mains partit
pour l'Angleterre, et sous couleur d'un pèlerinage à Cantorbery, il s'entretint quelques jours avec le roi d'Angleterre (1). De quoi fut-il question entre eux ? Guillaume
chercha-t-il à employer l'influence du roi d'Angleterre
pour essayer de détacher Philippe-Auguste d'Isabelle de

trum ditissimum veniens pactiones illas solemnitate renovavit ita
quidem quod pro parte comitis Hanoniensis juraverunt ipsi comes
Hanoniensis, comes Flandriæ, et vir nobilis de Cociaco et milites
strenui. C. Hanoniensis, fideles et commilitones..... Insuper dominus
Willelmus, Remensis arch. super pactionibus istis utrinque se obsi-
dem constituit. Compositum fuit equidem ut Henricus, primus comitis Campaniensis filius Yolendem Balduini comitis Hanoniensis
filiam haberet uxorem, Balduinus autem primus comitis Hanoniensis filius, Mariam comitis filiam haberet uxorem.

(1) Howeden H. p. 263, Benoist Peterb.

« Interea Willelmus Remensis archiepiscopus applicuit in Angliam apud Doveram, cujus adventus summa fuit visitare limina
Sancti Thomæ martyris Cantuariensis. Cum autem venisset in Anglia,
mandavit ei dominus rex ne ab Anglia discederet donec locutus fuis-

Hainaut, projet qui devait déjà le préoccuper et qu'il reprit plus tard, nul ne le sait. Le chroniqueur mentionne le voyage, qui eut lieu au mois de septembre.

Durant la seconde guerre, qui marqua l'avénement de Philippe-Auguste en 1182, Guillaume aux Blanches-Mains dut s'allier avec le comte de Flandre, le duc de Bourgogne, le comte Etienne de Sancerre, et la comtesse de Champagne (1).

M. d'Arbois de Jubainville pense au contraire qu'il dut pour sa part garder la neutralité. Nous nous séparons sur ce point de l'historien des comtes de Champagne (2).

Au moment de l'Avent 1181, Philippe d'Alsace entra en campagne, appela à son secours les Brabançons, pénétra sur les terres du comte de Sancerre et les ravagea.

Une question de famille avait en toutes ces révoltes dirigé la conduite des comtes de Champagne. Le mépris un peu brutal avec lequel Philippe-Auguste avait traité ses oncles n'y fut pas non plus étranger (3).

La paix fut signée assez rapidement. L'année suivante les rois de France et d'Angleterre se réunirent entre Senlis et Crépy, au lieu dit la grange Saint-Arnoulph, le comte de Flandre, Guillaume aux Blanches-Mains, Henri, évêque d'Albe, légat du Saint-Siège, furent présents à cette réunion qui eut lieu le 11 avril 1182 (4).

---

set cum eo. Venit itaque loqui cum eo apud Vintoniam, et facta ibi cum eo mora cum domino rege per paucos dies, reversus est in Franciam et transivit apud Doveram ».
Benoist de Peterboroug.

(1) Ex Chronico Turonensi. D. B. XVIII, 291, et XVIII, 250. Saint-Marien d'Auxerre. Eodem anno (1181) dux Burgundie, Willelmus R. archiepiscopus, Theobaldus Blesensis, comes Stephanus Sacri Cœsaris confederati unanimiter conspiraverunt in regem.

(2) *Histoire des comtes de Champagne*, t. IV, p. IV.

(3) « Unde factum est quod Willelmus Remensis antistes et comes Theobaldus et comes Stephanus avunculi prædicti regis, dolentes se esse despectos nitebantur in regem, nepotem suum insurgere. »
Gilbert du Mont. D. B. XVIII.

(4 Gilbert du Mont, 370, XVIII, D. B. — Cf. Raoul de Dicet, II, p. 10. Stubbs.

A partir de cette date, la maison de Flandre disparaît des affaires du royaume et la maison de Champagne, avec Thibault de Blois et l'archevêque de Reims, reprit la direction des affaires.

Mais la paix faite avec le comte de Flandre était peu solide ; Philippe d'Alsace avait promis le Vermandois à Philippe-Auguste lors de son mariage avec Isabelle de Hainaut. La mort de sa femme Isabelle (1) ouvrit la question de la succession. Philippe-Auguste réclama l'exécution des promesses. Philippe d'Alsace ne voulait pas les tenir. On épuisa d'abord les moyens pacifiques. Au commencement de l'année 1184, Guillaume aux Blanches-Mains, rencontra Philippe d'Alsace à Arras. Il devait être chargé d'une mission par Philippe-Auguste

La question ne put se résoudre pacifiquement.

A ce moment disent les annales d'Anchin, le roi de France eut l'intention de répudier sa femme, sur les conseils de quelques-uns de ses amis. Le comte de Flandre s'emporta contre les fauteurs de cette motion et notamment contre Guillaume, qui avait été un instigateur de la proposition, et ce fut le prétexte d'une nouvelle guerre qui commença après les fêtes de la Pentecôte (2).

La guerre se prolongea, mais après les péripéties du siège de Boves, le comte de Flandre qui arrivait avec une nouvelle armée fut effrayé de voir celle du roi beaucoup plus forte que la sienne, et il pria Thibault, comte de Blois, Guillaume aux Blanches-Mains, à qui le soin des affaires du royaume était alors confié, de servir de médiateurs entre Philippe-Auguste et lui (3). Il les chargea de porter au roi des paroles de paix : « Seigneur,

----

(1) Morte le 26 mars 1183.

(2) Pâques, 1er avril 1184.

(3) Rigord, paragraphe 27, éd. Delaborde :
Tum comes habito consilio cum suis per internuncios principem militiæ regis Theobaldum, comitem Blesensem, Franciæ senescallum, vocavit et Guillermum Remensem archiepiscopum.

calme la colère qui t'agite contre moi et dispose suivant ton gré des biens que possède ton serviteur. »

Le comte se rendait, abandonnait le Vermandois, demandant à titre gracieux l'usufruit des villes de Saint-Quentin et de Péronne (1). La paix ne fut pas signée à ce moment. Il y eut même à ce sujet une nouvelle réunion à Aumale, le 29 novembre 1185, à laquelle assistaient les mêmes personnages, mais là encore rien ne fut décidé car on attendait le consentement de l'Empereur d'Allemagne qui était suzerain de Philippe d'Alsace pour une partie de la Flandre (2) et à qui celui-ci dans l'espoir d'obtenir des secours contre le roi de France avait fait hommage de la Flandre Française.

Il y eût cette même année une réunion à Liège (3), à laquelle assista Guillaume aux Blanches-Mains en compagnie de Brunon, archevêque de Cologne, et du comte de Hainaut. Celui-ci refusa de laisser passer les troupes impériales sur ses terres, se retira de l'assemblée et l'Empereur occupé par d'autres soins ne prit pas en considération les demandes de son vassal. Philippe d'Alsace n'espérant plus être secouru signa la paix le 20 mai 1186. Quelque temps avant la fin de l'année 1185 (4), au mo-

---

(1) Quibus sicut regis fidelibus cura rerum gerendarum eo tempore commissa fuerat. Istis mediantibus comes Flandriæ in hunc modum regem allocutus est : « Designat indignatio tua, domine, etc... »

(2) R. de Diceto II, p. 38, Stubbs : « Rex Francorum Remensis archiepiscopus et Coloniensis, Philippus archiepiscopus venenunt Albemarlam VII idus novembris, ubi reformata est pax inter regem Francorum et comitem Flandrensem, sed minime complementum accepit quousque suum Imperator romanus adhibuerit assensum ».

(3) Leroux. *Relations de la France et de l'Allemagne*, 1885. Bib. de l'Ecole des Hautes-Etudes.

(4) Gilbert du Mont. D. B. XVIII, p. 383-384. Eodem anno, in Adventu Domini, cum ex mandato regis Francorum, comes Hanoniensis ad ipsum apud Senonensem civitatem accessisset, et in loco quodam in partibus illis cum comitissa Campaniensi, sorore sua, colloquium haberet ; dominus Rex, comes Hanoniensis, qui colloquio intererat, ab ipsa comitissa et archiepiscopo Remensi, et Theobaldo comite et Stephano comite, et duce Burgundiæ, coarctatus fuit, ut conventio-

ment de l'Avent, une assemblée avait eu lieu à Sens, entre Philippe-Auguste, le comte Baudouin, Guillaume, les comtes Thibault et Étienne et le duc de Bourgogne pour y discuter la question toujours pendante des alliances entre la maison de Hainaut et celle de Champagne. La fille aînée de la comtesse Marie et le fils du comte Beaudouin V ayant atteint l'âge du mariage, on réclamait du comte de Hainaut l'accomplissement de ses promesses. Il demandait du temps, désirant que sa fille Yolande fut en âge d'épouser le jeune comte de Champagne, Henri. Mais, on lui refusa les délais qu'il réclamait, et on décida que le mariage aurait lieu au mois de janvier 1186, après l'octave de l'Epiphanie.

On renouvela les promesses de l'autre union et Guillaume se porta à nouveau garant des promesses.

La maison de Champagne et celle de France avaient intérêt à voir s'accomplir ces doubles mariages. C'étaient pour elles des points d'appui et d'alliance contre le comte de Flandre.

En l'année 1187 la guerre reprit entre Philippe-Auguste et Henri II. Guillaume aux Blanches-Mains suivit presque constamment les armées du roi, et souvent il s'interposa entre les deux adversaires, obtenant des trêves et parfois même sollicitant la paix. La première fois qu'il soit fait mention de lui pendant cette nouvelle guerre, Guillaume se trouvait auprès du roi d'Angleterre (1) à Châ-

---

nes matrimoniorum de pueris suis et pueris comitissæ Campaniensis firmatas, fide interposita et juramento præstito, teneret ; cum filius comitis Hanoniensis primogenitus jam annos, et Maria comitissæ Campaniensis filia annos ad conveniendum in matrimonio sufficientes haberent. Comes autem Hanoniensis inducias super hoc requirebat, quousque Yolendis filia sua tantos annos haberet, quod Henricus comes Campaniensis juvenis eam rationabiliter posset ducere uxorem : quas quidem inducias habere non potuit, cum filius suus primogenitus Balduinus et Maria comitissæ Campaniensis filia annos ad hoc haberent sufficientes... et ibi matrimonum. . contrahendum in sequentis Epiphaniæ octavis utrimque juratum fuit...

(1) Gervais de Cantorbery qui rapporte ces faits : |Dom Bouquet,

teauroux. Le comte Richard venait d'aller trouver Philippe-Auguste qui s'était pris d'amitié pour lui au point, disent les chroniqueurs, de lui faire partager son lit (1). En apprenant ces faits le roi d'Angleterre, soupçonnant plutôt chez son fils la trahison que le désir de la paix avec Philippe-Auguste, s'affligea très fort. Il envoya des messagers aux grands les plus fidèles de France, les priant de venir au plus vite.

L'archevêque de Reims, le comte Thibault, le comte de Flandre, le comte Robert de Dreux (2) et d'autres aussi parmi les nobles se rendirent à son invitation. Le roi d'Angleterre leur parla en ces termes : « Seigneurs et amis, mes parents, je vous avoue que je suis pécheur, et que je sens avoir mal vécu. Je désire désormais m'amender, réparer mes erreurs, et tandis que je le puis, je désire me réconcilier avec Dieu. Maintenant ayant des ressources et une armée, je marcherai contre les païens, si cela ne déplaît à mon maître le roi de France. Demandez de ma part à mon seigneur qu'il veuille bien m'accorder une trêve de deux années. »

« S'il me la refuse, sans aucun doute il aura à répondre « de mon salut devant Dieu, vous aussi, ayez à craindre « d'en répondre si vous ne voulez pas persuader au roi de « m'accorder cette trêve. »

Ayant ainsi parlé, le roi pleura. Les seigneurs français revinrent vers Philippe-Auguste, mais celui-ci se riant

t. xvii. p. 668, ne donne pas la date de mois. Mais en comparant son récit et ceux de Howeden, R. Dicet et B. Peterborough, on ne peut placer ce fait qu'aux environs de juin. En effet à cette date ils parlent tous d'une trêve de deux jours consentie par le roi de France au roi d'Angleterre sous l'influence du clergé. Le roi Henri II était alors à Châteauroux, inquiet de l'amitié subite que le roi Philippe avait pour Richard, son fils, dont la visite au roi est mentionnée dans Gervais de Cantorbery. Cf. à ce sujet, Benoist de Peterborough, éd. Stubbs. t. ii. page 7.

(1) Benoist de Peterborough, t. ii, page 7.
(2) Gervais. Tome xviii, p. 68, D. Bouquet.

d'eux leur dit : « Et vous avez cru ces mots ! » — « Ce sont là les demandes que le roi d'Angleterre nous a chargé de faire, et nous conseillons de lui accorder ce délai, répartirent-ils. « Allez, dit le roi, et dites-lui que, déférant à ses demandes et à vos conseils, nous lui accordons une trêve de deux ans. »

Cette paix ne devait pas être de longue durée. Henri II se disposait à passer en Angleterre, mais Philippe-Auguste, excité par les moqueries de Bertram de Born, réclama Gisors, et le mariage de Richard avec sa sœur Alix de France (1). Un parlement eut lieu à Gisors le 22 janvier 1188 (2).

On fit un armistice, et les deux rois se croisèrent. Philippe-Auguste prit la croix rouge des mains des archevêques Guillaume de Tyr, et Guillaume de Reims, son oncle.

Mais en dépit des serments de Gisors, la guerre se ralluma. Après diverses actions et péripéties, une réunion de rois eut lieu le 18 novembre 1188 à Bonmoulins (3). Les deux rois firent une trêve qui devait durer jusqu'à la fête de Saint-Hilaire (4). Le comte Richard profita de cette réunion pour demander à son père s'il était sûr d'être son héritier. Le roi d'Angleterre, après avoir éludé la question, y répondit affirmativement sur les instances de son fils.

A quelque temps de là, le 18 juin 1189, les rois de

(1) A. Luchaire, *Philippe Auguste*.

(2) Raoul de Dicet II, p. 51, éd. Stubbs. « Anno Domini 1188, rex Francorum et rex Anglorum inter Gisortium et Triam colloquium habituri XII kalendas februarii convenerunt. Post longos tractatus, rex Anglorum primo crucem suscepit de manibus archiepiscoporum Tyrensis et Rotomagensis, postmodum, rex Francie crucem suscepit de manibus archiepiscoporum Tyrensis et Remensis..., etc.

(3) Ex Gerv. Cant. XVII. 672. D. B. Stabat autem in girum populus innumerabilis, amboque reges in medio, comesque Richardus et archiepiscopus Remensis... etc... Cf. B. Peterb. II, p. 50.

(4) 14 janvier 1189.

France et d'Angleterre, le comte Richard, le légat du
Pape, et quatre archevêques, ceux de Cantorbery, de
Rouen, de Bourges, et de Reims se constituèrent en un
nouveau parlement auprès du Mans (1). Le roi Philippe
proposa au roi de lui rendre toutes les villes qu'il lui avait
prises l'année précédente et cette même année, si le roi
d'Angleterre consentait à ce que Alix de France épousât son
fils Richard : Henri II refusa. Nouvelles batailles, et aussi
nouvelle médiation de Guillaume et de Philippe d'Alsace (2) qui, de leur propre autorité vont trouver Henri II
à Saumur le 2 juillet 1189. Le roi de France essaie de les
détourner de leur dessein et leur assure qu'avant leur arrivée, il se sera emparé de la ville de Tours. Henri II malade se résigna à demander la paix. Il était alors à Azay-
sur-Cher 3). Il fit venir près de lui ses parents, l'archevêque de Reims, Guillaume, le comte Philippe de Flandre,
et Thibault de Blois pour servir de médiateurs entre lui
et Philippe-Auguste (4). Mais le roi de France, voyant

(1) Ben. Peterb., Stubbs II. 69.
Die dominica proxima sequenti, Philippus comes Flandriæ et Wil-
lesmus archiepiscopus Remensis ad regem Angliæ, qui tunc temporis
apud Saumur erat, potius de sua quam de regia voluntate ad compo-
nendum inter eos accesserunt.. etc

(2 Gervais. Dom. Bouq. XVIII. 672. « apud Cenomanum. »
Il s'agit évidemment de la réunion qui eut lieu à la Ferté-Bernard
et que certains chroniqueurs (Benoist de Peterb , éd. Stubbs, II, 50).
placent au 28 mai 1189

3. Guillaume le Maréchal, t. vii, vers 8935. éd. Paul Meyer.

> En ces entrefaites avint
> Que uns mesagiers al rei vint
> Del comte de Flandre certains
> e de l'ercevesque de Reims
> e d'autres amis sanz dotance
> ke il aveit al rei de France
> Si manderent priveement
> Que li reis voleit parlement
> A lui aveir sanz nul delai
> Tot dreit entre Tors et Azay.

(4) Giraud de Cambrai. D. B. XVIII, p. 152. Quo acto, Anglorum
Rege procurante, qui pacis bona adhuc tentare volebat, cognatos

son ennemi abattu, « demandât qu'il se rendit et s'a-
« vouât expressément son homme lige (1) et se remit
« entre ses mains à merci et à miséricorde (2) ».

L'activité de Guillaume ne se lassait pas. A peine avait-
il quitté Philippe-Auguste et son armée à Azay-sur-Cher
qu'il eut à s'occuper avec Beaudouin, comte de Hainaut,
d'une nouvelle affaire. Nous le retrouvons en effet en
août 1189 (3) à Pontoise où il règle avec Thibault de Blois
un différend survenu entre lui et le jeune comte de Champagne Henri, qui avait épousé Yolande, fille du comte de
Hainaut. Philippe-Auguste avait provoqué cette réunion.
La difficulté portait sur des questions territoriales entre
le comte de Champagne et Beaudouin, comte de Hainaut.
Les difficultés étaient incessantes entre eux et l'Empereur
au sujet de la succession du comte de Namur qui avait
fait promettre à ses sujets de reconnaître pour seigneur
le jeune prince champenois. Dans cette réunion de Pontoise il fut décidé que le comte de Hainaut conserverait
Namur et ses dépendances, le comte de Champagne devant seulement conserver La Roche et Durby (4).

La guerre avec le roi d'Angleterre était terminée à
l'avantage de Philippe-Auguste. Il avait mis en ordre les
affaires du royaume, aidé par ses conseillers, Guillaume
aux Blanches-Mains et Thibault de Blois. Au premier, il
laissait la régence du royaume, et partait pour la Terre
Sainte avec Richard Cœur de Lion. Des difficultés nouvelles allaient bientôt surgir dans le Nord de la France,
au sujet de l'héritage du comte Philippe d'Alsace.

Par suite des conventions passées entre Philippe-

suos archiepiscopum Remensem Willelmum, comites Philippum
Flandrensem et Theobaldum Blesensem, cum aliis quibusdam, ad
ipsum intra castrum accersivit.

(1) Aug. Thierry, *Histoire de la conquête d'Angleterre.*
(2) D'après Rigord, cette paix fut faite le 4 juillet 1189.
(3) Gilbert du Mont. D. B., t. xviii p. 401.
(4) IV d'*Arbois de Jubainville*, p. 18, 20, 21.

Auguste et Philippe, comte de Flandre en 1180, toute la partie du comté sise à l'Ouest d'une ligne qui suivait la rivière d'Aa, puis le fossé Neuf, La Lys et enfin la Scarpe, c'est-à-dire Arras, Saint-Omer, Hesdin, Bapaume, Sens, devaient à la mort de Philippe d'Alsace rentrer dans le domaine capétien. Les comtés de Boulogne, de Saint-Pol devenaient en même temps fiefs immédiats de la Couronne (1).

En outre, par suite du traité de 1185, Péronne et Saint-Quentin devaient rentrer à la mort du comte de Flandre dans le domaine royal 2.

Philippe d'Alsace, comte de Flandre, mourut devant Saint-Jean d'Acre, le 1ᵉʳ juin 1191 3. Aussitôt Gilbert du Mont qui était attaché à sa personne envoya en Flandre des émissaires pour prévenir Beaudouin V de la mort de son beau-père (4). Philippe-Auguste de son côté envoya à Guillaume aux Blanches-Mains des messagers avec mission de s'emparer de la Flandre, quitte à traiter ensuite (5). Ses messagers arrivèrent après ceux de Gilbert du Mont. En même temps, par acte du mois de juin 1191 (6), Philippe-Auguste annonçait aux nobles du district de Péronne que la mort de Philippe, comte de Flandre, faisait rentrer Péronne dans le domaine de la Couronne, et chargeait Guillaume, archevêque de Reims, Robert de Wavrin, Pierre du Mesnil, Pierre de Courtrai de recevoir pour lui et son fils la fidélité des nobles de cette circonscription.

Les envoyés de Philippe-Auguste arrivèrent au mois

1) *Gilbert du Mont*, éd. Arndt., p. 529. *Petit Dutaillis*, Louis VIII, p. 17.

2) Cf. supra, p. 42.

3) *Annales d'Anchin*, Pertz, t. VI, p. 427.

4) Gilbert du Mont.

5. Burgelin. *Annales Gallo Hand.*, t. II, p. 252, 253. — Jacques Meyer, *Annales de Flandre*, an 1191.

(6) Leopold Delisle, *Catal. des actes de Ph. Aug.*

de septembre (1). Aussitôt Guillaume, conformément aux
ordres du Roi, essaya de s'emparer de toute la Flandre. Il
envoya Robert de Wavrin et Pierre du Mesnil avec de
fortes troupes de cavalerie de façon à s'emparer des places
fortes , pensant que la soudaineté du fait troublerait
Marguerite et son mari, Baudouin de Hainaut. « Il ré-
pandait le bruit que la reine Isabelle, mère de Louis (2),
avait été instituée héritière de la Flandre par son oncle
Philippe d'Alsace. Il s'empara ainsi au nom de Louis, fils
de Philippe-Auguste de Mons, d'Alost, de Courtray ,
d'Ypres, de Bruges (3), mais ne put s'emparer de Gand.

Mais Beaudouin, comte de Hainaut, et sa femme, la
comtesse Marguerite, la véritable héritière du comte
de Flandre, d'après Gilbert du Mont, protestèrent. D'un
autre côté, Mathilde, comtesse de Flandre, réclamait.
Pour trancher tous ces différends on s'en remit à l'arbi-
trage du régent du royaume, Guillaume, de l'évêque Pierre
d'Arras et de Daniel, évêque de Cambrai (4). On fixa un
jour du mois d'octobre pour faire le partage de la Flandre.
On se réunit à Arras. La comtesse Mathilde réclamait
toute la Flandre comme sa dot, le comte de Hainaut prétendait qu'elle ne devait avoir que ce qui lui avait été
donné en douaire (5).

Les arbitres réglèrent ainsi la question. Ils accordèrent
à Beaudoin V, comte de Hainaut, le titre de comte

---

(1) Jacques Meyer, *Ann. de Flandre*, livre VII, p. 58.

« Mense septembri certo de morte Philippi allato nuncio.... orta
est de successione Comitatus grandis altercatio. Enimvero Guillelmus, pontifex Remensis, Philippi regis nomine, omnem ad se cona-
batur trahere Flandriam...

(2) Louis VIII. Jacques Meyer, VII, p. 58.

(3) Dom B. XVIII, p. 709 A D. MCXCI, cum constaret per Franciam de morte Philippi, comitis Flandrensis, Willelmus arch.
Remensis. . . . . saisivit. . . . . Atrebatum, Arian,
Sanctum Audomarum, sicut Philippus comes regi concesserat, cum
nepotem suam duxit uxorem.

(4) Cf. Meyer, *Ann. de Flandre*, année 1191

(5) Gilbert du Mont. D. Bouq. XVIII, p. 408.

de Flandre, les autres fiefs d'empire, les iles que le comte de Hollande devait tenir en fief du comte de Flandre. Quant à Mathilde elle ne garda que son douaire. Saint-Omer et Arras restèrent au roi de France et devaient revenir en pleine propriété au fils du roi de France, Louis, au décès de Mathilde.

Philippe-Auguste revint sur ces entrefaites. De nouvelles conférences eurent lieu à Péronne, du 16 au 23 février, et le traité d'Arras signé le 1er mars 1192 ne fut que la reproduction du traité de Mons de 1180 (1).

Le 25 juin 1193 nous retrouvons Guillaume à l'entrevue qui eut lieu entre Toul et Vaucouleurs. L'empereur d'Allemagne avait fixé celle-ci pour essayer de rétablir la paix entre Philippe-Auguste et Richard Cœur de Lion qui venait de lui prêter hommage (2) et de traiter avec lui.

La paix fut faite au mois de juillet par l'entremise du chancelier Guillaume.

Le roi d'Angleterre devait s'engager à remettre aux mains du Roi, Loches, Châtillon-sur-Indre et à Guillaume archevêque de Reims, Driencourt et Arques (3).

La paix fut faite, mais Richard gardait à Philippe-Auguste une vive rancune de la conduite qu'il avait tenue à son égard. La guerre reprit à l'état permanent. Toutefois le 17 juin 1194 (4), d'un commun accord, les deux rois se réunirent à Vaudreuil. L'archevêque de Reims, Anselme, doyen de l'église de Tours, le sénéchal de Normandie assistaient le roi de France. L'entrevue n'eut pas de suites pacifiques ; la guerre continua, et Philippe-Auguste semblait même la désirer, car à la réunion de Verneuil qui eut lieu en 1195, à l'octave de la Toussaint,

---

(1) Contin. Sigeberti, XVIII D. B., p. 543. *Positions des thèses de l'Ecole des Chartes,* année 1896. M. Lebègue de Germiny. *Les Baillis de l'Artois,*

(2) Howeden III, Stubbs, tome III, p. 212.

(3) Howeden, tome III. éd. Stubbs, p. 219. Le 9 juillet.

(4) Howeden III, éd. Stubbs, p. 254.

il se servit de son oncle Guillaume aux Blanches-Mains et de l'évêque de Beauvais pour dresser des obstacles à la conclusion de la paix.

En effet, comme on était réuni à Verneuil, on avait fixé l'entrevue pour trois heures. Le roi Richard s'approchait de la tente du roi, lorsque Guillaume s'avança vers lui et lui dit : « Ne vous hâtez pas ainsi, le Roi tient encore son conseil. » Le roi d'Angleterre le crut et attendit jusqu'à neuf heures. A ce moment, Philippe de Beauvais vint de la part de Philippe-Auguste et lui dit que le Roi n'admettait pas qu'à neuf heures du soir, le roi Richard ne se fût pas encore présenté, quand on avait fixé le rendez-vous pour trois heures (1). Cette anecdote est-elle véridique ou fut-elle inventée par le chroniqueur anglais pour noircir le roi de France ?

C'est la dernière fois qu'il est fait mention dans les chroniques de l'archevêque de Reims dans les démêlés entre les deux rois. Mais, celui-ci ne se désintéressait pas d'une lutte qui devait encore se poursuivre. Nous avons dans un acte du 18 août la preuve formelle qu'il continuait à suivre Philippe-Auguste et son armée. Dans une charte par laquelle il confirme une fondation faite par Beaudouin, comte de Flandre, on lit ces mots : « Actum apud Albam Marlam, in exercitu charissimi nepotis nostri et Philippi illustris Francorum regis. Anno Domini Incarnationis M C X C V I. Vᵉ idus augusti (2. »

En outre, le poète Guillaume Le Maréchal nous a conservé le récit d'une entrevue qui eut lieu entre le roi d'Angleterre et Guillaume aux Blanches-Mains en 1196. Cette année la lutte entre les deux rois se continua.

> Molt dura la guerre et molt dure
> e mut fu perilleuse et dure (3).

(1) Howeden, éd. Stubbs, t. III.
(2) Coll. Moreau, vol. 97 fᵒ 42.
(3) Guillaume le Maréchal, éd. Paul Meyer, p. 42, t. II.

Elle fut marquée par divers incidents et notamment la prise de Milli par le roi d'Angleterre. L'évêque de Beauvais avait été fait prisonnier. Le roi de France cherchant alors à entamer des négociations s'adressa à la cour de Rome qui envoya comme légat en France, Pierre de Capoue. Celui-ci après diverses négociations avec le roi d'Angleterre ne put aboutir à une entente. Les réclamations faites au sujet de l'évêque de Beauvais durent être opérées en termes assez violents (1) tant et si bien que le roi Richard chassa l'envoyé.

> Si est torz de tenir tel homme
> Qui est enoinz et sacrez.

Le roi Philippe-Auguste dépêcha alors vers lui Guillaume aux Blanches-Mains qui parvint à signer une trêve avec le roi d'Angleterre.

> Li boens arcevesque de Reims
> Qui n'est ennuios ne vileins
> Vint al demain. Si out o sei
> Gent sanz folie et sanz desrei
> Li reis estait en sa chapele
> Ou l'om li chantait haute et bele
> La messe de la Trinité
> Quand il oï la vérité
> Esvamment li ala encontre
> Joie li fist quand il l'encontre
> E li a l'arcevesque a lui
> Molt s'entre-ouvrèrent au die
> E etant vos prenc li en mains
> Que par l'arcevesque de Reims
> Fut la trième prise et escrite
> Si comme elle fu devant dite.
> E composée mot à mot.

____

(1) Id. vers 11705 et suivants

Au mois de juin 1196 (1) de la même année Guillaume avait assisté au serment d'hommage prêté par Beaudouin IX (2) à Philippe-Auguste à Compiègne.

Beaudouin IX s'était engagé à l'assemblée de Compiègne (3) à aider Philippe-Auguste contre tous, sauf l'empereur et l'évêque de Liège. Pour forcer ce dernier à tenir ses promesses, Etienne, évêque de Tournai, Lambert, évêque de Térouanne, et Guillaume s'étaient obligés à user des censures s'il violait ses engagements. Beaudouin IX ayant fait alliance avec Richard Cœur de Lion, le légat du Pape en France, déclara que les évêques devraient servir contre le vassal infidèle ».

A la même assemblée, Guillaume, archevêque de Reims, et Lambert, évêque de Térouanne, promirent de veiller à l'accomplissement des promesses faites par Renaud de Dommartin, comte de Boulogne (4), promesses semblables à celles de Beaudouin IX, et qu'il renouvela aux mêmes prélats au mois d'avril 1198 à Hesdin (5).

Beaudouin IX ayant violé ses engagements, l'interdit fut jeté sur ses terres, et les évêques qui avaient pris l'engagement de l'excommunier, usèrent de leur droit et tinrent leur promesse. Etienne de Tournai par une lettre adressée à Guillaume (6) lui annonce qu'il a jeté l'interdit sur les terres de Beaudouin IX et que celui-ci assiège

---

(1) Rigord. éd. Lelaborde, p. 135, *Cat. des actes de Philippe-Auguste*, Léopold Delisle, nᵘ 497.

(2) Il avait succédé à sa mère en 1194 dans le comté de Flandre, et à son père en 1195 dans le comté de Hainaut.

(3) *Catalogue des actes de Philippe-Auguste*, p. 118, nᵒˢ 497-498. Léopold Delisle. Note de Léopold Delisle, reprod. par Desilves, p. 299 (Lettres d'Etienne de Tournai).

(4) Collection Grenier, vol. III, f° 163. *Catalogue des actes de Philippe-Auguste*. Léopold Delisle.

(5) *Catalogue des actes de Philippe-Auguste*. Léopold Delisle, n° 529.

(6) *Lettres d'Etienne de Tournai*, éd. Desilve, CCLXII. Lettre à Pierre, évêque d'Arras, n° CCLXVI, au même. Ces lettres sont de l'année 1197, avant le 20 juillet.

Tournai. « Les abbés et nos prêtres et nos doyens ne veulent pas observer la sentence, disant qu'ils en ont appelé à Rome. J'étais prêt à sortir de la ville, mais l'indignation du prince m'a fermé toutes les voies... Conseillez-moi, car à l'heure actuelle je ne fais pas ce que je veux, mais je fais ce que je ne veux pas. »

Dans une autre lettre de la même époque il expose à Guillaume que l'interdit jeté sur les terres de Beaudouin IX produit un mauvais effet sur les Flamands.

« Les églises sont fermées, les chants divins ne sont plus entendus.... Nous savons que le cœur de cet homme est si perverti qu'il méprise la sentence d'excommunication et place de beaucoup au-dessus des choses spirituelles les choses séculières » (1).

Le 20 juillet 1197, la ville de Tournai dut faire une trêve avec Beaudouin IX, personne n'étant venu au secours de la cité. « Nous étions comme un navire sans gouvernail, écrit après cet événement Etienne de Tournai à Guillaume (2), — un peuple sans chef... Ceux qui nous assiégeaient avaient soif de notre sang, et comme un lion qui se prépare à se jeter sur sa proie, les assiégeants se divisaient entre eux nos personnes et nos biens, ils exultaient dans leur camp, comme des vainqueurs, qui, leur proie assurée, se divisent ses dépouilles (3). »

La ville capitula, mais l'interdit fut maintenu. Le 26 avril 1199, le pape Innocent III écrivit à Guillaume aux Blanches-Mains (4) d'absoudre le comte de Flandre de son excommunication et de lever l'interdit jeté sur ses terres, s'il était certain qu'il eut été délié par le Roi des serments qu'il lui avait prêtés à Vernon, d'abord, et à Compiègne en lui faisant hommage.

(1) *Lettres d'Etienne de Tournai* : éd. Desilves, n° CCXLII, p. 299.
(2) Desilves, n° CCLXVI, p. 331.
(3) Cf. Poutrain, *Histoire de la ville de Tournai.*
(4) Pothast, n° 673. Migne : Ep. Innocentii III, I, p. 582.

2°. — AFFAIRES INTÉRIEURES

Nous avons sous ce titre réuni les quelques renseignements qui nous sont parvenus sur le rôle que joua Guillaume aux Blanches-Mains, entre 1173 et 1202.

En l'année 1173 les bruits de mariage entre Philippe-
Auguste et la fille de l'empereur d'Allemagne émurent
le pape Alexandre III, qui pour le bien de l'Eglise craignait que s'effectuât cette union ; Guillaume aux Blanches-
Mains devait avoir déjà une grande influence à la Cour,
car le Pape écrivant à Henri, archevêque de Reims, le
priait de s'entremettre avec lui pour faire échouer ce
mariage. Il est fort à croire que Louis VII, comme plus
tard Philippe-Auguste, ne devait prendre que très peu
de résolutions sans en référer à ses beaux-frères, étant
donné la faveur qu'il leur témoignait. C'est du reste ce
qui ressort de la lecture de certaines lettres d'Etienne
de Tournai.

Celui-ci s'adresse à Guillaume aux Blanches-Mains,
pour le prier de s'interposer entre lui et le Roi, mécontent
de sa conduite, lui demande une faveur personnelle,
adresse une réclamation qu'il ne veut pas faire lui-
même (1).

Le préambule de certains actes de Philippe-Auguste
porte en outre la mention « de assensu et consilio avunculi nostri, Willelmi, venerabilis Remorum archiepiscopi (2) ».

---

(1) Cf. *Lettres d'Etienne de Tournai*, éd. Desilves. Lettre LX, page 69.
Il prie Guillaume de Champagne, évêque de Chartres, de l'excuser
auprès de Louis VII, mécontent d'une supplique concernant le meurtre
de Jean de la Chaine, doyen de l'église Sainte-Croix d'Orléans. Lettre
CLV, page 181. [1188-1190]. Averti qu'il doit être chargé par Philippe-Auguste d'une mission en cour Romaine, il prie Guillaume de
Champagne de le faire dispenser de ce voyage.

(2) *Cartulaire de Notre-Dame de Paris*. B. Guérard. t. II, p. 400 et Collection Moreau, passim.

Après la réconciliation de Guillaume aux Blanches-Mains avec Philippe-Auguste, nous le rencontrons chargé de la conduite d'importantes affaires. Le roi de France employa notamment son oncle pour arriver à la dissolution de la commune formée contre Saint-Martin de Tours par les habitants de Châteauneuf.

« Dans la partie de l'Ile de France qui avoisinait Paris, « au centre même du domaine capétien, Philippe-Auguste « supprimait autant que possible, à l'exemple de ses « prédecesseurs, les libertés communales jugées dange- « reuses (1). »

Tel fut le cas en 1184. Les bourgeois de Châteauneuf avaient érigé une commune au préjudice de Saint-Martin de Tours. Philippe-Auguste leur ordonna de la dissoudre (2). Jean de Salisbury, évêque de Chartres, n'avait pu réussir à vaincre les résistances. Le Pape Lucius III (3), d'accord avec le Roi, chargea Guillaume aux Blanches-Mains de dissoudre la commune, et de jeter l'interdit sur les terres des bourgeois si la résistance continuait.

Guillaume obtempéra aux ordres du Roi et du Pape; mais la lutte ayant continué, l'archevêque de Reims se rendit lui-même à Tours (4) le 24 février 1184 [1185]. Il dé-sespérait de rompre la commune, ainsi que Hervé, abbé de Marmoutier, lorsque survint un incident « presque miraculeux », dit-il, qui lui permit d'en triompher.

Les gens qui étaient à la tête de la commune ayant voulu prélever sur les bourgeois de nouveaux droits, ceux-ci se précipitèrent dans la salle du chapitre et demandèrent instamment à être relevés de leurs serments.

Une autre fois, Philippe-Auguste établit son oncle,

---

(1) Luchaire, *Philippe-Auguste*, p. 174.

(2) *Catalogue des actes de Philippe Auguste*, n° 113, vers le mois de juin 1184.

3) Collection Housseau, Bibl. Nationale. Jaffé, n° 15403

(4) Dom Bouquet, t. XVIII, p. 291. Chronique de Tours. — Lettre de Guillaume in-extenso, en note, même page.

comme arbitre entre les habitants de Tournai et l'évêque
Etienne. Voici dans quelles circonstances.

Une discussion s'étant élevée entre les bourgeois de
Tournai (1) et leur évêque, en 1195, Philippe-Auguste avait
donné ordre aux habitants de s'en référer à la décision
de leur archevêque, Guillaume. Mais les habitants (2)
au reçu des lettres du Roi prétendirent qu'elles étaient
fausses et qu'elles n'étaient pas scellées du sceau royal.
Requis de prêter le serment exigé, ils refusèrent et en-
voyèrent au Roi des messagers pour gagner du temps.
Au début de l'année 1196 (3), l'évêque de Tournai apprend à Guillaume, que les habitants ne se soumettant
point, il a jeté l'interdit sur la ville. L'archevêque de
Reims, pour prévenir les différends entre bourgeois et
évêques, proposa alors aux premiers de choisir entre les
coutumes de Senlis, de Noyon, de Beauvais, d'Amiens,
de Soissons, de Laon, celle qu'ils désiraient suivre. Les
habitants firent leur choix, mais lentement, et finirent
par opter pour la coutume de Senlis.

Etienne écrivit alors à Guillaume, de vouloir bien faire
confirmer par Philippe-Auguste relativement aux bourgeois de Tournai et de confirmer lui-même les coutumes
de Senlis comme obligatoires à Tournai (4).

Par acte de la même année (5) Philippe-Auguste permit
à l'évêque, au chapitre, au prévôt, aux jurés (6) de suivre
ces coutumes. Il leur enjoignit de s'y conformer en dé-

(1) Philippe-Auguste avait donné droit de commune à ses bourgeois
de Tournai en 1187-1188. Cf. L. Delisle, n° 207 et, 386.

(2) *Lettres d'Etienne de Tournai.* éd. Desilves. CCLII. p. 311. CCLIII.
p. 312.

(3) *Lettres d'Etienne de Tournai*, éd. Desilves, page 313, n° CCLIV —
avant le 20 avril.

(4) *Lettres d'Etienne de Tournai.* éd. Desilves, CCXXXVI, p 281.
(1199-janvier 1200). Ordonnances des rois, t. xi. p. 281 et s. — *Catalogue
des actes de Philippe-Auguste*, n** 595 et 696.

(5) 9 avril-31 octobre.

(6) Note Desilves, p. 282. Lettre d'Etienne de Tournai.

cembre. Enfin Guillaume de Champagne menaça les bourgeois d'excommunication s'ils y dérogeaient.

Une affaire grave et depuis longtemps pendante préoccupait Philippe-Auguste, tant au point de vue séculier qu'ecclésiastique. C'était le fameux procès pendant depuis l'époque de Noménoé entre les églises de Tours et de Dol. Philippe-Auguste désirait terminer cette affaire. Dès l'année 1184 (1) il représentait au Pape quel grave préjudice ce serait pour la Couronne de France si la Bretagne était détachée de la province ecclésiastique de Tours. Il s'efforçait auprès du cardinal Melior dans le même sens. A ces instances, Guillaume joignit les siennes, et vers la fin de l'année 1184 (2) il écrivait au cardinal Melior qu'une grande colère s'était emparée de Philippe-Auguste au sujet de cette affaire, qu'il se plaignait de l'ingratitude du Pape, qui semblait oublier les bienfaits des ancêtres du roi de France. Le roi de France ne souffrirait pas qu'on amoindrit la dignité de l'Eglise de Tours qui lui appartenait. Guillaume terminait en conjurant le Cardinal d'obtenir du Pape qu'il ne se prononçât pas contre l'église de Tours. car la colère du roi et des grands serait sans bornes. et que peut-être abandonnant tout respect pour l'Eglise, ils formeraient contre elle de nouveaux et dangereux projets qu'il serait difficile de leur faire abandonner 3. »

L'affaire ne devait pas être terminée tout de suite car, en 1191. la reine Adèle. régente du royaume, priait le Pape de surseoir à son jugement.

Lors de son départ pour la croisade, Philippe-Auguste

---

(1) Léopold Delisle, *Catalogue des actes de Philippe-Auguste*. — Desilves, *Lettre d'Etienne de Tournai*, nᵒˢ CXXII.

(2) Desilves éd. *Lettres d'Etienne de Tournai*. Nᵒ CXXIV note, page 44. Quoique l'église de Tours fut située sur le domaine des Plantagenets, les rois de France y exerçaient le droit de régale. Cf. Robert du Mont, éd. L. Delisle.

(3) Desilves, *Lettres d'Etienne de Tournai*. CLXXI.

laissa la régence du royaume à sa mère Adèle et à son oncle Guillaume aux Blanches-Mains. Dans l'acte célèbre connu sous le nom de Testament politique, il leur traçait les devoirs qu'ils auraient à remplir (1).

« Nous voulons et ordonnons que notre très chère mère Adèle et Guillaume, archevêque de Reims, notre oncle fidèle, passent tous les quatre mois un jour à Paris, qu'ils écoutent les plaintes des hommes de notre royaume, et terminent les contestations pour la plus grande gloire de Dieu et l'utilité du Royaume.

« Si par hasard un siège épiscopal ou un abbatiat relevant du Roi vient à vaquer, nous voulons que les chanoines ou les moines viennent, comme ils le font à notre égard, demander à l'archevêque ou à la reine le droit de libre élection.

« Si une prébende ou un bénéfice vient à vaquer, la reine et l'archevêque le donneront à un homme probe et éclairé ; ils en conféreront avec notre conseiller Bernard Bré (2).

« Si dans le voyage que nous entreprenons, nous venions à mourir, la reine, l'archevêque de Paris et les abbés de Saint-Victor et de Vaux-de-Cernay feront de notre trésor deux parts, l'une, qu'ils distribueront aux églises ruinées par la guerre, et l'autre, qu'ils réserveront pour notre fils Louis, jusqu'au moment où il sera en âge de gouverner.

Philippe-Auguste avait déjà pris des dispositions eu égard à l'évêché de Paris (3). Il avait chargé Guillaume de se concerter avec Hervé, doyen, et Pierre, chantre de Paris, pour réformer la fabrique et l'église de Paris, si l'évêché venait à vaquer pendant son absence. »

(1) Rigord. *Testament politique de Philippe-Auguste*, 69-70 Delaborde. Paris, 1191, après le 24 juin.

Nous n'avons pas reproduit l'acte si connu en entier. Nous avons pris les extraits les plus intéressants au point de vue des quelques faits que nous avons racontés plus loin.

(2) Ou de Boschiac.

(3) *Catal. des actes de Philippe-Auguste*, n° 316, Léopold Delisle. Collection Baluze, f° 129, vol. 83.

Nous possédons peu de renseignements sur les faits et gestes de Guillaume durant les années 1190 et 1191.

Les chroniqueurs sont muets ; Rigord, seul mentionne pour l'année 1191, à la date du 25 août, un fait intéressant auquel prit part Guillaume. Sur le conseil de l'archevêque de Reims et de la reine Adèle, de tous les évêques, on exposa à Saint-Denys les corps des saints martyrs, Denys, Rustique et Eleuthère avec les vases d'argent qui contenaient leurs reliques. La population s'était émue parce qu'on avait fait courir le bruit qu'on avait découvert dans l'église de Saint-Etienne le prétendu chef de saint Denys (1).

Certaines lettres adressées à Guillaume en l'année 1191 semblent bien se rapporter à des questions d'administration intérieure du royaume, plutôt qu'à des questions d'ordre absolument religieux. Du reste ces lettres ont une ressemblance avec des rapports de police (2).

Le chancelier d'Angleterre, Guillaume de Long-Champs, avait été disgracié le 8 octobre 1191, il s'était empressé de passer en France, mais à peine débarqué, il avait été absolument dépouillé de ses équipages par Renaud de Dommartin, comte de Boulogne. « Celui-ci, disait la lettre, a enlevé les chevaux, les effets, les bagages, et même les vases sacrés de l'archevêque d'Hély, chancelier du royaume, alors que l'amitié des deux rois qui guerroient ensemble, sa dignité d'archevêque, et la protection que vous devez apporter aux petits et aux grands auraient dû lui assurer la sécurité dans le royaume de France. »

Guillaume avait dû envoyer des ordres, mais le comte

(1) Rigord, éd. Delaborde, 80.

« VIII Kalendas septembris, consilio domini G. Remensis archiepiscopi, et A. regine et omnium episcoporum corpora beatissima martyrum Dyonisii, Rustici et Eleutherii cum purissimis vasis argenteis in quibus diligentissime sigallata continebantur sunt extraçta et super altaria posita.

(2) *Lettres d'Etienne de Tournai*, éd. Desilves. N° CC, p. 250-251 et notes. — 1191 après le 8 octobre.

de Boulogne retenait toujours les équipages de l'archevêque d'Hély ; aussi bien, l'évêque de Tournai, embarrassé sur ce qu'il y avait lieu de faire, réclamait à nouveau les conseils du régent du royaume.

La même année Guillaume avait encore été sollicité par Etienne en faveur de l'abbaye de Saint-Germain-des-Prés pour une affaire administrative.

Par un acte du 5 avril au 31 octobre 1181 (1). Philippe-Auguste avait autorisé l'abbé de Saint-Germain-des-Prés à lever sur les terres des domaines de l'abbaye « les tailles raisonnables et les coutumes habituelles », ainsi qu'il le faisait au temps de Louis VII. En l'année 1191 l'abbé de Saint-Germain, Foulque, voulut lever cette taille à laquelle il avait droit (2), les officiers du Roi s'y opposèrent.

Etienne écrivit alors au régent du royaume : « Foulque, abbé de Saint-Germain-des-Près, recourt à votre protection pour que vous conserviez intacts les droits de l'église qui lui est confiée et que vous les défendiez.... Il vous supplie de le laisser lever sur les hommes et sur les étrangers de ses terres la taille qu'il est accoutumé à lever..... que vous employez votre autorité pour corriger ceux qui l'en empêchent, ou que vous révoquiez les ordres que vous auriez pu donner, si vous aviez ordonné que les officiers du Roi s'opposassent à cette levée. »

Une autre fois Guillaume dut juger une affaire assez grave et qui alla jusqu'en cour de Rome (3) au sujet du même abbé Foulque qu'on avait rendu responsable du meurtre d'un étudiant commis dans le Pré-aux-Clercs par les colons de l'abbaye.

Enfin, à quel ordre de fonctions de Guillaume faut-il

(1) *Catalogue des Actes de Philippe-Auguste*, n° 32. Léopold Delisle.
(2) *Lettres d'Et. de Tournai*, CXCIX, éd. Desilves.
(3) Et. de Tournai, éd. Desilves. Lettre CCXXXVIII.

rattacher l'élection de l'évêque de Tournai et l'annulation de Pierre Le Chantre ? L'élection fut-elle annulée par le régent du royaume ou par l'archevêque de Reims. Un doute plane sur la question.

Bernard d'Avesnes étant mort, les chanoines de l'église de Tournai élurent Pierre Le Chantre. Son élection fut cassée. Etienne de Tournai écrivit à Guillaume pour le prier, malgré l'irrégularité commise, de confirmer l'élection (1).

Le Roi, d'après cette lettre d'Etienne de Tournai, avait, paraît-il, nominativement désigné Pierre Le Chantre au cas de vacance du siège de Tournai et avait demandé cette élection.

Quelle irrégularité fut commise ? M. Desilves pense que suivant un « usage qui tendait à se généraliser au XII⁰ siècle, les chanoines de Tournai avaient procédé à l'élection du nouvel évêque sans la participation du mé☙tropolitain (2) » ; d'un autre côté, dans son Testament politique, Philippe-Auguste avait spécifié que les régents du Royaume, devaient, lorsqu'un siège épiscopal serait vacant, exiger qu'on leur vint demander l'autorisation de la libre élection.

A laquelle de ces deux exigences faillirent les chanoines de Tournai, dans cette élection pour laquelle, suivant les renseignements du Pape Léon Iᵉʳ, s'étaient réunis les vœux des citoyens, le jugement des personnes honorables, le témoignage de la population, l'élection des clercs.

L'ensemble des lettres d'Etienne de Tournai constituent un document pour ainsi dire psychologique, elles nous présentent un Guillaume aux Blanches-Mains plutôt autoritaire, très ferme sur les principes et sur ses droits. Fut-il blessé qu'on eut manqué d'égards envers lui qui représentait le roi pendant son absence ou craignait-il de

(1) *Lettres d'Et. de Tournai*, CLXXXV, p. 225, éd. Desilves.
(2) Note page 227. *Et. de Tournai*, Lettres.

confirmer une élection irrégulière ; nous l'ignorons. Toujours est-il qu'on dut procéder à une nouvelle élection.

A l'année 1191 se rapporte un acte que Guillaume expédia comme régent du Royaume, et par lequel il s'adressait aux baillis, officiers et sujets du Roi, leur annonçant qu'il prenait sous sa protection, et le Roi sous sa sauvegarde l'abbaye de Saint-Bertin dont il confirmait toutes les possessions (1).

Mais de toutes les affaires intérieures du Royaume auxquelles participa Guillaume aux Blanches-Mains, la plus importante sans contredit fut celle du divorce de Philippe-Auguste et d'Ingeburge, reine de France. A vrai dire, il montra dans cette affaire une grande condescendance pour Philippe-Auguste. On la lui a reprochée fortement. Peut-être faut il dire à sa décharge que lui seul connut la véritable raison qui fit répudier par Philippe-Auguste la fille du roi de Danemark. Malgré les travaux excellents d'Hercules Géraud et de Davidsohn, la véritable cause de ce divorce n'est point connue. Comme l'a fort bien dit M. Léopold Delisle (2), l'histoire de cet épisode du règne de Philippe-Auguste n'est plus à faire· Toutefois les historiens qui s'en occupèrent se placèrent surtout au point de vue de la tension des relations de la Couronne et du Saint-Siège. Pour notre part nous essaierons de montrer principalement le rôle de Guillaume aux Blanches-Mains dans cette affaire.

La reine Ingeburge avait été sacrée le 15 août 1193 et ce fut le 15 novembre suivant, que dans un jugement rendu à Compiègne sur l'avis de Regnault, évêque de Chartres, Philippe, évêque de Beauvais, Robert, comte de Dreux ; Pierre de Courtenay et Gauthier, chambellan du Roi, l'archevêque de Reims déclara nul et de nul effet le mariage d'Ingeburge et de Philippe-Auguste.

____

(1) Collection Moreau. Bib. Nat., volume XLIV, folio 32.
(2) *Préface du Catalogue des Actes de Ph.-Auguste.*

La reine avait été enfermée à Cysoing, elle menait une existence pénible et dans une lettre qu'Etienne de Tournai écrivait en 1194 en sa faveur, à Guillaume, il réclamait pour elle un peu de pitié. La lettre est trop connue pour que nous la reproduisions en entier (1).

Elle vise à l'effet, est écrite dans un style déplorable. L'évêque de Tournai fait d'Ingeburge un portrait des plus flatteurs. Il la compare successivement aux femmes célèbres de l'antiquité, pour la grâce et la beauté, et aux femmes de l'Ancien Testament pour les mérites et la vertu.

« Ses occupations, dit-il, sont celles d'une sainte femme. La prière et le travail sont ses seules occupations... elle ne joue pas aux dés ni au trictrac... elle ne s'assied jamais à la prière. Si notre Assuérus, ajoute-t-il en parlant du Roi, pouvait la voir, il trouverait son Esther agréable. Il la rappellerait dans ses bras royaux...

« Elle est sans ressources, pleure, et met sa confiance dans l'archevêque de Reims qui, si libéralement l'a soutenue, protégée après sa disgrâce. Ses parents, ses amis l'ont délaissée comme une étrangère ».

Les derniers mots de la lettre ne sont pas une flatterie à l'égard de Guillaume. On la comprendrait mal dans la circonstance. Faut-il y voir l'indice que des remords étaient nés dans l'âme de l'archevêque de Reims pour la conduite qu'il avait tenue à l'égard de la reine? Toujours est-il qu'il dut écrire à la reine Ingeburge une lettre que nous n'avons plus, et y joindre des secours matériels, car la reine lui répondit par une missive de chaleureux remerciements (2).

« Vos bienfaits, disait-elle, surpassent et les mérites et et les vœux de la suppliante ».

(1) *Lettres d'Etienne de Tournai*, éd. Desilves, CCXIII.

(2) Etienne de Tournai. Abbé Desilves, Lettre CCXIV, p. 265, en date de 1194.

A quelque temps de là une enquête sur le divorce du roi fut faite sur l'ordre du pape Célestin III qui envoya en France deux légats, le cardinal Mélior et le sous-diacre Censius. Le Pape (1) écrivit, de son côté à Guillaume le 13 mars 1195, une lettre assez dure dans laquelle il lui reprochait sa conduite, le divorce étant une question relevant directement de Rome, il ne lui appartenait pas de la trancher. Il lui rappela que dans des circonstances analogues, le Pape Nicolas Ier avait déposé les évêques de Trèves et de Cologne. Il terminait en déclarant nulle la sentence prononcée par l'archevêque de Reims.

L'affaire ne se résolvant pas, le pape Célestin III chargea un concile nouveau d'examiner la question. Le concile se réunit le 7 mai 1196. Guillaume y assistait, mais rien ne fut décidé. Rigord, qui parle de ce concile, déclare que la peine du Roi retint les évêques, et que ceux-ci n'osèrent parler (2).

Avec l'avènement d'Innocent III, la conduite de la Cour de Rome allait devenir plus énergique. Il écrivit au clergé de France une lettre dans laquelle il déclarait que la sentence de divorce prononcée par Guillaume à Compiègne (3) était une parodie ridicule, et il annonçait qu'il avait chargé Pierre de Capoue de jeter l'interdit sur le Royaume de France à moins que le Roi ne voulut se soumettre. Il ordonnait aux évêques d'observer l'interdit par respect pour l'autorité de l'Eglise, et aussi parce que plusieurs d'entre eux s'étaient rendus complices des excès qui motivaient un tel châtiment.

La fin de la lettre visait les évêques qui avaient pris part à l'assemblée de Compiègne, et notamment l'archevêque de Reims.

Pierre de Capoue convoqua à un concile un grand nombre d'évêques et de dignitaires de l'Eglise.

(1) Dom Bouquet, t. xix.
(2) Rigord. éd. Delaborde.
(3) Migne. Patrol. latine, 1re série, p. 197.

Les abbés de Vezelay, de Saint-Denys, de Saint-Rémi, l'archevêque Guillaume y assistèrent (1).

Du six au treize décembre on discuta et le Roi n'accéda pas aux menaces d'Innocent III. Le 15 janvier 1200, au concile de Vienne, Pierre de Capoue jeta l'interdit sur le Royaume (2).

Quelques évêques obéirent rapidement à la sentence du Pape ; mais l'archevêque de Reims, les évêques de Beauvais, de Noyon, d'Auxerre, de Laon, et de Thérouanne ne se hâtèrent pas d'observer l'interdit (3).

L'interdit jeté par le Pape fit cependant réfléchir Philippe-Auguste. Il essaya par l'intermédiaire de Pierre de Capoue d'en faire diminuer la rigueur Le Pape s'y refusa. Il convoqua alors une assemblée de barons et de seigneurs qui lui conseillèrent de se soumettre (4).

C'est dans cette assemblée que se tournant vers Guillaume il l'apostropha durement (5). « Est-il vrai que le Pape dans une lettre à vous adressée affirme que mon divorce a été une comédie plutôt qu'un jugement ?

---

(1) *Chronique de Dijon.* Dom Bouq. t. xviii, p. 741. Ic. M. CC. Concilium apud Divionem in ecclesia ista convocatum est a domino Petro Capuensi, Sanctæ Mariæ in via lata diacono cardinale, apostolicæ sedis legato : et interfuerunt ibi Lugdunensis, Remensis, Bisuntinensis, et Viennensis archiepiscopi, et cum eis XVIII episcopi, et abbates Cluniacensis, Verzeliacensis, Sancti Remigii Remensis, Sancti-Dionysii Parisiacensis, et alii quamplures, quorum numerum non expressimus : et duravit concilium.

(2) A festo Sancti Nicolai, quod est mense decembri, usque ad septem dies. Post paucos vero dies prædictus cardinalis apud Viennam particulare revocavit concilium, ubi promulgavit sententiam a domino Papa Innocentio datam in omni terra quæ subjacet et obedit regi Francorum.

(3) Alii vero distulerunt observare sententiam, sicut Remensis archiepiscopus,... nuncios suos ad sedem apostolicam destinantes per quos quasdam excusationes, licet frivolas prætendebant sed promittebant, quod illis expositis si demum placeret summo Pontifici sententiam observarent. *Gesta Innocentii*, D. B. t. xix, p 345.

(4) Hercule Géraud, p. 94, t. Ier, Bibl. Ecole des Chartes.

(5) *Gesta Innocentii.* Dom Bouquet, t xix, p. 246.

L'archevêque interdit ne put que répondre affirmativement. « Eh bien ! dit le Roi, vous êtes donc un sot ou un imbécile, vous qui l'avez prononcé. » Dans la biographie qu'ils consacrent à Guillaume aux Blanches-Mains, les auteurs de l'histoire littéraire doutent que Guillaume ait pu assister à l'assemblée du 6 septembre 1200 qui se tint à Saint-Léger en Yveline (1) car il était à ce moment suspendu de ses fonctions. Hercule Géraud (2) dit au contraire : « Avec la lettre d'Octavien, qui rendait compte « de sa mission, avec celle de l'archevêque de Reims, « contenant le récit de ce qui s'était passé dans la solen « nelle assemblée de Saint-Léger-en-Yveline, le Pape en « reçut une autre de la reine qui montrait les choses « sous un jour tout différent ».

Pour notre part, nous ne croyons pas que l'archevêque de Reims ait assisté à cette assemblée. Tout d'abord M. Hercule Géraud parle d'une lettre adressée par Guillaume au Pape Innocent III au sujet de cette assemblée, nous ne connaissons point cette lettre malgré nos recherches, et nous ne l'avons nulle part rencontrée. D'un autre côté, il n'est fait aucune mention de lui dans les lettres adressées à Innocent III à propos de cette réunion et dans la lettre adressée par ce dernier à la reine, il est fait mention des évêques de Troyes, de Soissons, et nullement de l'archevêque de Reims.

En 1202 lorsque le Pape vit un rapprochement possible entre Ingeburge et Philippe-Auguste, mais constata que celui-ci posait des conditions exagérées au retour de la reine. Innocent III fit appel à l'influence de l'archevêque de Reims pour que le Roi ne formât aucune demande impossible à accueillir, sans blesser sa conscience et la justice. En même temps qu'il lui écrivait (3), le Pape

---

(1) Histoire littéraire, t. xv.
(2) Bibl. Ecole des Chartes, t. 1er, p. 98.
(3) Juillet 1202. Patrologie latine III.

adressait à Guillaume aux Blanches-Mains copie de la lettre par lui adressée au Roi par l'intermédiaire de Foulque, doyen d'Orléans, et par laquelle il offrait à Philippe-Auguste de constituer à Etampes un tribunal chargé de réviser le procès et de lui donner une solution.

Guillaume ne devait pas voir l'issue de cette affaire, il mourait deux mois après la réception de cette dernière lettre.

CHAPITRE III

GUILLAUME AUX BLANCHES-MAINS ET THOMAS BECKET

« Dans ce démêlé célèbre où les intérêts de l'Eglise ont
« engagé saint Thomas contre un grand monarque (1) »
Guillaume aux Blanches-Mains joua un rôle très actif
parmi les membres du clergé français qui prirent en main
la cause de Thomas Becket. Son rôle, pour religieux qu'il
ait été, ne laissât pas toutefois que d'être teinté d'esprit
politique. Louis VII avait fait sienne la cause de l'archevêque de Cantorbéry, pour susciter des embarras politiques à son ennemi Henri II. Aussi bien, parmi les nombreuses lettres qui nous sont restées de l'archevêque de
Sens sur la question, beaucoup furent écrites au nom de
Louis VII pour appuyer auprès de la Papauté les justes
demandes du roi de France. Il s'était formé à cet égard un
véritable parti en France contre le roi et l'Eglise d'Angleterre. « Ce n'est pas seulement le métropolitain de Sens,
« ce sont encore les suffragants de Nevers et de Paris,
« de Chartres, de Troyes, de Meaux, d'Auxerre qui ont
« laissé des documents écrits de leur dévouement à Bec-
« ket. Toutefois le rôle et l'influence de chacun d'eux ne
« furent pas d'une égale importance. Deux surtout, l'ar-
« chevêque de Sens, Guillaume de Champagne et l'é-
« vêque de Nevers se signalèrent par leur fréquente in-
« tervention auprès du Pape (2) ».
C'est ce rôle de Guillaume aux Blanches-Mains que

(1) Bossuet, *Panégyrique de St Thomas Becket*, 2e point.
(2) Victor Mortet, *Maurice de Sully*, p. 128 et suiv.

nous voudrions essayer de dégager, ce que nul des historiens de Thomas Becket n'a fait jusqu'ici, occupés qu'ils ont été du point de vue religieux ou philosophique de la question (1).

Vers l'année 1166, le pape Alexandre III était au plus fort de sa lutte avec l'empereur d'Allemagne. Il voulait éviter les complications avec Henri II qui ne l'avait reconnu en 1162 que dans un but intéressé. Il voulait éviter que le roi d'Angleterre s'associât avec Frédéric pour reconnaître le pape Pascal III (2). Aussi bien, mena-t-il les débuts de l'affaire assez mollement, et en temporisant. Ce fut la cause d'une des premières démarches de Guillaume aux Blanches-Mains. Celui-ci adressa au Pape une lettre (3) très vive, pleine de remontrances, dans laquelle il s'exprimait ainsi : « Le siège de Cantorbéry est la tête de l'Eglise d'Angleterre. Cette église doit être respectée par toutes les autres. Le roi d'Angleterre s'efforce de la bouleverser de façon à être maître dans son royaume et de façon à n'avoir plus à compter avec le pouvoir du Pape. Cela est d'un mauvais exemple pour les rois et les autres puissances de la Terre.

« Le roi d'Angleterre a exilé chez nous un homme en faveur de qui témoignent tous les hommes sages et qui, pour le respect qui lui est dû, est agréable au roi, à l'Eglise et à toutes les puissances de France... l'archevêque de Cantorbery s'est opposé à cette iniquité, il s'est élevé contre elle, a gardé sa foi à la Papauté. Sa cause est donc la vôtre. Cette injure aussi présomptueuse que coupable rejaillit sur vous. Vaincre une semblable tyrannie est une gloire réservée à votre apostolat. Si le roi d'Angleterre réussit dans son entreprise, l'Eglise anglaise et celle de France peuvent courir des dangers. Le roi de

(1) Miss Kate Norgate : *England under the angevin Kings.* Darboy, S¹ *Thomas Becket*, 1858. Morris, *Life and martyrdom of* S¹ *T. B.* 1886.
(2) Funk. Trad. Hemmer, *Histoire de l'Eglise*, t. Iᵉʳ.
(3) Juin 1166, *Materiais for thé history of* S¹ *T. B.* t. v, p. 373-374-375.

France, l'Eglise et les grands du royaume attendent de vous au nom de la justice un secours contre le tyran en faveur de l'exilé et de ses compagnons...

« Nous vous supplions donc que vous ouvriez les oreilles aux prières et aux vœux du peuple, que vous jetiez un regard sur les nécessités de l'Eglise de Cantorbery, celles de l'archevêque, et que vous écoutiez les prières dignes de pitié de ceux qui s'exilèrent avec lui pour l'honneur de Dieu et les libertés de l'Eglise. »

Le Pape Alexandre III restait sourd à ces avertissements. Thomas Becket errait de monastère en monastère (1). Cette année même, à la Saint-Martin il dut quitter Pontigny. Alexandre III temporisait. L'année suivante Louis VII et la cour de France avaient été émus par les paroles de Jean d'Oxford (2) qui s'était prévalu à son retour de Rome d'avoir obtenu du Pape de nombreux privilèges et notamment la confirmation du mariage du fils de Henri II avec la fille du comte de Bretagne, sa parente au troisième degré. Le roi de France avait même voulu envoyer des messagers pour interdire sur son domaine l'entrée des légats apostoliques.

Alexandre III était pressé par l'Eglise de France de mettre fin aux dissensions de l'Eglise anglaise et de Thomas Becket. Le roi, le sénéchal Thibault écrivaient lettres sur lettres au chef de l'Eglise. En 1168, Guillaume aux Blanches-Mains écrivit à nouveau et dans le même sens que la première fois (3).

« Il n'y a pas, disait-il, d'Eglise plus fidèle que l'Eglise
« de France, et sur qui le Pape puisse compter d'une
« façon plus formelle.

« L'Eglise, le Roi, le royaume tout entier vous supplient

---

(1) He left Pontigny on S^t. Martin's day 1166 and took up his above as the guest of Louis in the abbey of S^t. Columba at Sens. **M. Kate Norgate**, II. 68.

(2) *Lettre de Lombard à Alexandre* III, Migne, Patrol, CC. Col. 1445.

(3) *Materials*, t. vi, p. 478.

« d'agir en faveur du prélat de Cantorbéry qui lutte et est
« exilé depuis quatre ans pour la liberté de l'Eglise et la
« dignité de Votre Majesté.

« Le roi d'Angleterre agit contre vous... son iniquité
« est pourtant reconnue. Dans une réunion où le comte
« de Flandre avait amené le prélat de Cantorbéry pour
« supplier le roi d'Angleterre de mettre un terme aux
« discordes de l'Eglise, il a fait lire des lettres aposto-
« liques dans lesquelles il était dit que le prélat ne pour-
« rait sévir contre lui ni contre le royaume tant qu'il ne
« serait pas rentré en grâce auprès du roi. »

Guillaume condamnait dans cette lettre la conduite
politique du Pape. Le roi de France, disait-il, se plaint
de ce que les menaces et les injures de l'Angleterre font
plus d'effet sur votre esprit que sa fidélité ; et faisant allusion aux événements passés, il craignait qu'un scandale
nouveau n'éclatât dans le genre de celui qu'avait causé
Jean d'Oxford lors de son retour à Rome (1).

L'année 1169 devait marquer la période la plus aiguë
de la lutte. Maintes tentatives de réconciliation furent
faites. Guillaume aux Blanches-Mains devait déployer
pour la cause de l'archevêque une grande activité. Depuis
l'année précédente, Alexandre III l'avait élevé à la dignité de légat en France, et l'avait chargé de conduire à
bien cette affaire. Il n'avait plus de ménagements à
avoir pour Henri II qui avait en 1168 adhéré aux statuts
de la diète de Wurtzbourg.

Le 6 janvier 1169, Guillaume aux Blanches-Mains assista à la conférence de Montmirail (2), qui ne devait
aboutir à aucun résultat.

Nous possédons une lettre de lui (3) dans laquelle il
rend compte au Pape de ce qui se passa durant cette
entrevue. « Le roi d'Angleterre assura qu'il n'avait pas

(1) Cette lettre est de 1168.
(2) *Materials*, t. III, p. 96.
(3) Migne, CC. Col. 1426.

chassé de son royaume l'archevêque de Cantorbéry. Il était libre d'y revenir en paix, d'y posséder les biens que ses prédécesseurs possédaient, et d'en jouir librement ainsi que de ceux qu'il lui avait promis... Mais les réponses du roi, dit Guillaume aux Blanches-Mains, se combattaient, n'étaient pas nettes, et les légats de Votre Sainteté avaient peine à saisir et à enchaîner le *Protée* qui se dérobait. Nous leur avons alors conseillé de prier le roi de répondre à Votre Sainteté par lettres patentes et d'y marquer ses intentions... On interrogea ensuite le roi, pour savoir s'il permettait aux innocents qu'il avait persécutés de rentrer dans leurs biens. Par aucune raison on ne put l'amener à donner à ceux-ci la moindre satisfaction et consolation.

De son côté Thomas disait qu'il ferait tout ce qui lui était possible pour recouvrer sa faveur, mais « en toutes choses l'honneur de Dieu et de son ordre étant saufs ».

Ces mots étaient ceux qui avaient exaspéré le roi à Oxford et à Clarendon. Il se mit alors en fureur, et on en resta là (1).

D'après la lettre de Guillaume, Henri II envoya des messagers au Pape. « Le Roi, dit-il, vous a envoyé des messagers dont il attend le retour, si comme il est juste vous les renvoyez pleins de confusion, nous croyons que l'Eglise de Cantorbéry aura la paix et reconquerra sa grande renommée. Ce que nous disons contre le roi d'Angleterre ne part pas d'un sentiment de rancune, puisque nous venons de faire avec lui une paix véritable (2).

Trois mois après, le dimanche des Rameaux (3), du haut de l'autel de Clairvaux, Thomas excommuniait dix évêques et dignitaires de l'Eglise d'Angleterre qui lui faisaient opposition (4).

---

(1) *Miss Kate Norgate*, t. II, p. 69.
(2) Cette lettre se trouve aussi dans Dom Bouquet, t. XVI, p. 337.
(3) *Miss Kate Norgate*, t. II, p. 70.
(4) Le 13 avril 1169. Pâques le 20 avril 1169.

Ce fut probablement vers cette époque que Guillaume écrivit à Alexandre III une lettre des plus sévères à l'égard de Gilbert Folliot, évêque de Londres, et dans laquelle il demandait sa déposition.

Il (1) est la cause de tous les maux de l'Eglise d'Angleterre. C'est par lui que l'unité de l'Eglise anglaise a été détruite. Il se flatte qu'en n'obéissant plus au siège archiépiscopal de Cantorbéry, en le ruinant, grâce à l'appui du roi, il verra le siège de Londres élevé à la dignité de siège archiépiscopal..... C'est un antéchrist. Il s'efforce de briser l'unité de l'Eglise anglaise. Il faut que l'Eglise soit une, sans quoi qui pourra empêcher les hérésies de pulluler (2).

Le roi d'Angleterre n'en prit pas son parti. Il essaya de négocier avec les légats du Saint-Siège, les deux cardinaux Gratien et Vivien. Une réunion eut lieu à Bayeux le 31 août 1169 (3), dans laquelle il leur demanda d'absoudre ceux que Thomas avait excommuniés. Ce fut à ce moment que le roi d'Angleterre s'adressa à Guillaume pour obtenir qu'il permît aux Cardinaux légats Vivien et Gratien d'absoudre ceux que l'archevêque de Cantorbéry avait excommuniés (4). Les légats, disait le Roi, veulent avoir

(1) Le roi de France avait écrit au Pape une lettre dans le même sens, et c'était pour appuyer sa demande que Guillaume demandait le maintien de l'excommunication prononcée par Thomas Becket contre l'évêque de Londres et l'évêque de Salisbury, Raoul de Broi.

(2) Migne, Patrol. latine CC. 1425.

(3) Diceto, éd. Stubbs. 1. 335

« Cum agitur tractatum de pace. [G. et V.] se conspectui regio praesentassent apud Baiocas in Normania post que tractatus immensos pax esse in januis crederetur ab omnibus, litteras illis direxit Senonensis archiepiscopus in quibus continebatur ne sine conscientia ipsius sicut in mandatis a domino papa susceperant, in reconciliatione facienda procederent. Sic infecto negotio duo legati S. P. a regis curia recesserunt.

(4) Dom Bouq. XVI, 372. La lettre n'est pas datée du mois, mais d'après les événements auxquels elle fait allusion, les réponses de Guillaume au Roi et aux cardinaux, la mention de R. de Dicet, on ne peut que la rapporter, ainsi que les deux suivantes à cette affaire.

votre avis, car vous êtes archevêque et légat, Henri II le flattait dans l'espérance d'un avis favorable. « J'ai confiance en celui que j'embrasse comme un très grand ami, car, vous avez montré dans cette affaire, comme dans toutes les autres négociations une grande ferveur, une vigilante diligence et une très ferme fidélité.

Mais la réponse ne fut pas conforme aux vœux de Henri II.

Je n'ai, répondit l'archevêque de Sens, aucun droit d'absoudre sans caution juratoire les excommuniés. Le souverain Pontife ne m'a pas donné ce droit, et nous n'oserions conseiller à personne de transgresser sur ce point les ordres du Pape (1).

Et en même temps il écrivait aux légats, Gratien et Vivien, une lettre (2), d'un ton plutôt ironique, dans laquelle il affirmait vouloir s'en tenir sur ce point aux ordres du Pape, à la tradition de l'Eglise, et déclarait qu'il ne laisserait pas absoudre ceux que le prélat de Cantorbéry avait excommuniés. A la fin de l'année, vers le milieu du mois de novembre, Guillaume se trouvait à Rome où il s'était rendu pour s'occuper avec Alexandre III de la cause de Thomas Becket pour laquelle il déployait une activité si grande, afin d'obtenir du Pape le droit de jeter l'anathème et l'interdit sur le roi d'Angleterre s'il se refusait à faire une paix définitive (3).

Le roi d'Angleterre intriguait de son côté pour que le Pape ne confiât point à l'archevêque de Sens cette mission (4). Thomas Becket l'en informa par lettre.

(1) Dom Bouq., XVI, p. 372.
(2) Dom Bouq., XVI, p. 372.
(3) Sed et Willelmus Senonensium venerandus antistes qui Anglicanae ecclesiae miseratus sedem apostolicam adierat, presens et petens ut rex Anglorum anathemati, regnum interdicto subjacerentur nisi Canthuaniensi pax ecclesie redderetur.
Ex Willelmo Cantuaniensi. *Materials* I.
(4) Lettre de Thomas Becket à Guillaume. Dom Bouquet, t. xvi, p. 398. Cette lettre fut écrite après le 20 novembre. Il y est fait mention des réunions de Montmartre et de St Denys, du 18 et du 19 novembre 1169.

Il lui annonçait que l'entrevue de Montmartre avait eu lieu, mais que Henri II, au lieu de traiter directement avec lui, avait promis de s'en référer au jugement de la Cour du Roi, ou de l'Eglise de France, ou de l'Université de Paris. Thomas joignait à cette lettre la pétition qu'il avait adressée au roi Henri II et dans laquelle il avait dressé le tableau des demandes qu'il faisait. Le roi du reste ne répondit pas à cette pétition, il partit pour Mantes.

En même temps, il annonçait à son défenseur que le roi avait envoyé à Rome Jean d'Oxford, l'évêque de Séez, Jean, pour empêcher le Pape de confier quelque mission à celui dont il craignait que le voyage à Rome ne lui fut néfaste. Thomas Becket suivait les instructions du Pape Alexandre III qui lui avait recommandé de se conformer en tous points aux conseils que l'archevêque de Sens lui donnerait ainsi qu'à ceux de l'archevêque de Rouen et de l'évêque de Nevers (1).

L'année 1170 fut encore marquée par divers incidents auxquels Guillaume aux Blanches-Mains fut mêlé.

Au mois de février de cette année le Pape avait écrit à Thomas Becket pour le confirmer dans le droit qu'il avait de couronner le roi d'Angleterre (2).

Mais le 14 juin 1170 Henri II fit couronner son fils Henri, au mépris de cette confirmation. La cérémonie fut faite par l'archevêque d'York, assisté par l'évêque de Londres.

Guillaume profita de l'occasion pour se plaindre au Pape (3) de ce que l'évêque de Londres se fut permis de participer à cette « consécration ou plutôt à cette exécration » au mépris des droits de l'archevêque de Cantorbéry et du roi de France dont le fils du roi d'Angleterre avait refusé la fille. « Punissez, Saint-Père, ces

----

(1) Migne, CC. 649. Cette lettre n'est pas datée. Il faut la reporter sans doute à la fin de l'année 1169 ou au début de l'année 1170.

(2) *Materials* VI.

(3 Migne Patrol. latine, CC. 1428.

malfaiteurs, effrayez-les si vous voulez racheter votre réputation et rassurer votre conscience ».

Le Pape lui répondit (1) pour se disculper, et le priait de faire observer sur les terres du roi qui relevaient de sa juridiction l'interdit prononcé : il annonçait en même temps qu'il avait refusé de consentir, malgré l'entremise des consuls de Lombardie, que s'était attachés Henri II et de l'empereur de Constantinople, à allonger les délais, qu'il avait fixés au roi d'Angleterre pour sa réconciliation définitive avec l'archevêque de Cantorbéry.

Le 22 juillet, de la même année Guillaume et l'évêque de Nevers se rencontrèrent une autre fois avec le roi d'Angleterre à Freteval (2) pour prendre une décision. Un rapprochement eut lieu ; le roi d'Angleterre promit à l'archevêque de Cantorbéry de faire la paix.

Le roi ne se pressait pas d'exécuter ses promesses. Aussi le Pape écrivit-il à Guillaume et à Rotrou, archevêque de Rouen, le 22 octobre 1170, d'aller trouver le roi pour le forcer à faire la paix qu'il a promise. « Que le roi rende à l'archevêque ce qu'il lui a pris, qu'il répare les dommages causés. Si au bout de trente jours le roi n'a pas exécuté ses promesses, vous interdirez la célébration des offices, sauf le baptême pour les petits enfants, et la pénitence aux mourants (3). » Mais la paix faite à Fréteval était peu sincère. Thomas Becket fut assassiné le 29 décembre 1170.

Aussitôt Guillaume aux Blanches-Mains écrivit au Pape (4) pour lui raconter l'assassinat de son protégé. Sa lettre présente le fait sous le jour le plus odieux pour le

(1) Migne, Patrol. latine. CC., p. 683.
(2) Stubbs : Itinéraire 20, 22 juillet 1178. Dicet : éd. Stubbs : Item apud Fractem Vallem rex Francorum, Willelmus Senonensis venerunt. Cum autum rex et archiepiscopus secessissent in partem bisque descendissent et bis ascendissent bis stapham rex teneret archiepiscopo.
(3) Patrol. lat. Migne, CC. 708, 22 octobre 1170.
(4) Migne, CC. 1429 Patrol. latine.

clergé anglais, il fait appel aux images de la Bible pour peindre ce forfait odieux. « Venge, venge, Seigneur, le sang de ton serviteur et de l'archevêque de Cantorbéry qui a été tué, bien plus, crucifié pour la liberté de l'Eglise. »

Il avertit ensuite le Pape qu'il a jeté l'interdit sur le royaume d'Angleterre, suivant les ordres qu'il lui avait donnés ainsi qu'à l'archevêque de Rouen, et qu'il a enjoint aux évêques et aux archevêques d'observer l'interdit (1). Enfin il priait le Pape de ratifier ce qu'il avait fait.

Dans toute cette affaire, la conduite de Guillaume aux Blanches-Mains avait été si ferme, si véritablement indépendante à l'égard du roi d'Angleterre et même de la Papauté, que les contemporains eux-mêmes ne purent s'empêcher de lui adresser des félicitations et des marques d'estime les plus flatteuses et les plus honorables.

Jean de Salibury dans la lettre qu'il adressait à Beaudoin d'Essonnes témoignait pour la conduite du prélat une grande admiration.

Enfin, en 1179, le Pape Alexandre III lui écrivait pour lui annoncer la canonisation de Thomas, archevêque de Cantorbéry (2).

---

(1) Migne, CC. 1430 Patrol. latine.
(2. 1179. IV Nones d'avril.

CHAPITRE IV

GUILLAUME AUX BLANCHES-MAINS
ET LE RÉGIME COMMUNAL

Guillaume aux Blanches-Mains semble avoir joué un rôle considérable dans l'histoire du régime communal. Sans aller aussi loin que M. Bonvalot (1) qui prête à l'archevêque de Sens des idées d'un libéralisme qui ne l'animait certes pas, il faut reconnaître qu'il fit beaucoup pour l'établissement du nouveau régime.

La seule histoire de la charte d'échevinage de Reims donnée, mais à regret, prouverait que le libéralisme, suivant le sens moderne du mot, ne guidait pas les décisions de l'archevêque. Les vues politiques prêtées au cardinal par l'historien de la Coutume de Beaumont sont exagérées.

Si Guillaume aux Blanches-Mains a joué un rôle politique incontestable, rien dans sa ligne de conduite n'autorise à admettre que « la liberté fut à ses yeux le seul « moyen de ruiner les institutions féodales, d'assurer la « prépotence royale sur les grands vassaux, d'assurer au « trône un solide appui dans les nouvelles communes af- « franchies ».

Quand le Cardinal accorda des chartes de liberté, il les donna parce qu'il envisageait surtout son intérêt bien entendu, et celui des églises qu'il gouvernait. Il fit en cela comme la plupart des seigneurs. N'est-ce pas, au demeurant, la théorie admise aujourd'hui que la grande loi de l'intérêt bien entendu a réglé cette institution des villes neuves. Aussi bien, l'avis émis par l'historien des Coutumes

(1) E. Bonvalot, *Le Tiers-Etat d'après la Coutume de Beaumont et ses fi-liales*, 1884, page 94 et *passim*.

de Lorris (1) semble-t-il le plus rapproché de la vérité. « En
« établissant une ville neuve et en limitant le plus pos-
« sible les droits qu'il se réservait sur les vassaux, l'ar-
« chevêque n'avait d'autre mobile que son intérêt. » Il
peuplait une terre peu cultivée, provoquait et assurait
par de sages mesures le développement rapide du nouveau bourg, et finalement augmentait ses revenus et ceux
de ses successeurs.

« L'archevêque Guillaume aux Blanches-Mains, imitant
« l'exemple du Roi, contribua à la diffusion des Cou-
« tumes de Lorris » (2).

Il en dota deux villes neuves : Villeneuve l'Archevêque,
à l'établissement de laquelle l'avait associé le chapitre de
Saint-Jean-les-Sens, et Rousson.

La première de ces deux chartes fut accordée aux habitants de Villeneuve en 1172. Elle subsista jusqu'en 1197,
époque à laquelle Michel de Corbeil dota la ville d'une
nouvelle charte (3).

Un cens annuel de six deniers, nul forage à payer sur
le vin, point de retenue sur les biens en cas de forfait,
plus de corvées, aucun droit à payer sur les achats faits
dans les marchés pour les besoins journaliers, telles sont
les principales dispositions de cette charte imitée de la
Coutume de Lorris (4).

Quelques mois auparavant, par une transaction ratifiée
par Louis VII en 1171, Henri, comte de Troyes et de Champagne, avait constitué à son frère Guillaume, archevêque
de Sens, une rente de trente livres à prendre sur les revenus de la ville de Provins. Profitant de ce nouveau
revenu Guillaume retira des mains du vicomte de Sens

(1) M. Prou, *Bibl. Ecole des Chartes*, t. xlv, C. R. de l'ouvrage de
M. Bonvalot.

(2) M. Prou, *Etude sur la Coutume de Lorris*.

(3) Michel de Corbeil, arch. de Sens, (1194-1199).

(4) Arch. Yonne G. 239 reg Quantin. *Cart. gén. de l'Yonne*, t. ii, p. 239.
Villeneuve l'Archevêque, Yonne. Arrondissement de Sens.

une partie du domaine et de la juridiction du village de Rousson (1) dont les vicomtes s'étaient emparé.

Il mit cette nouvelle possession en commun avec l'abbaye de Bonneval, puis céda cette acquisition au chapitre de la cathédrale (2). Mais en 1175 il avait doté d'une coutume analogue à celle de Lorris le nouveau village de Rousson.

Comme archevêque de Sens, Guillaume eut encore l'intention de fonder un village à Bussy-le-Repos et à Ardilliers. Nous ne savons pas s'il mit à exécution ce projet relaté dans un accord intervenu entre lui et Pierre, seigneur de Courtenay, frère du Roi. Celui-ci reconnaissait que Guillaume possédait la moitié des revenus de la terre de Bussy-le-Repos et d'Ardilliers et tous deux déclaraient vouloir y fonder des villages, à la tête desquels serait placé un prévôt qni prêterait serment (3). (1174).

Deux ans après, l'archevêque de Sens était élu à Reims. Là, encore, pour un temps, il tendit à propager le régime communal. Au vrai, il n'eut pas dans son nouveau diocèse l'initiative de ces réformes, car en 1181, le chapitre de Notre-Dame avait affranchi les hommes de Fraillicourt.

En 1182, Guillaume restitua aux bourgeois de Reims leurs échevins, par la charte fameuse connue sous le nom de « Wilhelmine ».

Louis VII en 1139 avait accordé à la ville de Reims une charte de commune, mais au bout de dix mois, sous l'influence de l'archevêque et du comte de Champagne, Thibaut le Grand, elle avait été supprimée.

En montant sur le siège archiépiscopal de Reims, Guil-

---

(1) Rousson : arrondissement de Joigny, canton de Villeneuve-le-Roy, Yonne.

(2) Quantin, *Cart. Gén. de l'Yonne*, t. II, p. 256 272-274. Archives de l'Yonne, Charte de l'archev. Gauthier relatant la fondation du village de Rousson, G. 551 (Bibl. de Sens).

(3) Quantin, *op. cit.*, t. II, p. 255.

laume avait hérité d'une situation difficile, en raison de la conduite de l'archevêque Samson qui avait réprimé le mouvement communal et détruit l'échevinage. Un autre archevêque, Henri, avait en outre révolté les habitants par ses abus de pouvoir. Il était donc nécessaire de faire des concessions aux Rémois pour éviter quelque insurrection nouvelle.

Enfin à serrer de près le texte (1) du début de la Wilhelmine il semble que l'archevêque ait voulu récompenser « *obsequium ac devotionem* » l'aide que les bourgeois lui avait prêtée pendant les événements de 1180 à 1182. Bien que les dispositions de cet acte célèbre soient fort connues, nous rappelons pour mémoire les plus importantes. Chaque année, le mercredi des Cendres, douze échevins seront élus, et présentés à l'archevêque. Ils lui prêteront serment de fidélité. Les procès seront jugés par eux, ils devront rétracter leurs sentences en cas d'erreur, sans quoi la cour de l'archevêque statuera.

Si un délinquant peut fournir des plèges, il ne sera pas emprisonné, ses biens ne seront pas saisis, ses maisons ne seront pas abattues. S'il ne peut en fournir, il prêtera le serment de se présenter au jugement des échevins. En cas de crime, personnes et biens seront à la disposition de l'archevêque. Si le flagrant délit n'est pas reconnu, l'accusé devra fournir des otages, faute de quoi il sera détenu. L'auteur de la charte fixe encore dans ses dispositions finales quelques amendes en cas de forfait et établit pour toutes possessions la prescription de sept ans et un jour.

Cette charte de l'échevinage rémois reçut la double confirmation de Philippe-Auguste (2) et du pape Lucius III (3).

---

(1) Varin, *Arch. adm. de la ville et du diocèse de Reims*, Doc. inéd., t. Iᵉʳ, p. 391.

(2) Philippe-Auguste confirma cette charte en 1182 après le 18 septembre. Varin, *op. cit.*, t. Iᵉʳ, p. 398.

(3) 1ᵉʳ octobre 1184. Varin, *op. cit.*, p. 405.

« C'est sur cet acte célèbre — dit Varin — que devait pendant six cents ans subsister toute la bourgeoisie rémoise. Elle devait aussi être pour Guillaume aux Blanches-Mains la base d'une grande popularité qui fît dire au ménestrel de Reims : « *L'Arcevesque Guillaume Blance-main qui tant valut à ces jours et qui restablit l'eschevinage de Rains.* »

La même année que Guillaume aux Blanches-Mains rétablissait l'échevinage de Reims, il accordait à la ville de Beaumont en Argonne la fameuse loi connue sous le nom de *Loi de Beaumont.* « Cette petite ville située à l'occident « de la Meuse, entre Stenay et Mousson, dans l'arche- « vêché de Reims en relevait au spirituel et au temporel (1).

« Elle fut, dit M. d'Arbois de Jubainville (2), considé- « rée comme le but des révolutions communales et le mo- « dèle des concessions qui devaient les consacrer (3). »

Les bourgeois ne nommaient-ils pas librement leurs représentants maires et jurés sans l'intervention des seigneurs? Cette loi n'accordait-elle pas aux habitants l'usage des eaux et des bois, ce qui signifiait pêche, pâturage libres? En outre des redevances assez faibles étaient exigées des habitants, six deniers à Noël, six à la Saint-Jean.

L'année suivante, en 1183, Guillaume accorda aux habitants de Reims une *culture* afin d'y construire un nouveau bourg. L'acte de concession n'établit pas pour ce nouveau bourg, une véritable charte de libertés communales, toutefois les principales dispositions sont d'un caractère tel qu'on peut faire rentrer cet acte dans la catégorie des chartes de même nature.

« Nous vous donnons, fidèles et amés bourgeois, une

(1) Dom Calmet, *Histoire de Lorraine*, t. ii, p. 314.

(2) La loi de Beaumont-en-Argonne. *Bibl. Ecole des Chartes.* 3ᵉ série, t. iii, p. 248. Cf. sur la loi de Beaumont. E. Bonvalot. *Le Tiers-Etat, d'après la Coutume de Beaumont. La loi de Beaumont et ses filiales.* Voir le C. R. de cet ouvrage par M. Prou. *Bibl. Ecole des Chartes*, 1885.

(3) Nous avons jugé inutile de donner un nouveau texte de cette charte célèbre. Il suffira de se référer aux éditions données. et énumérées note 2.

culture que nous possédons en dehors des murs de la cité, à condition que par chaque perche de terre vous nous paierez douze deniers, chaque année à la fête de saint Rémi, de même que pour chaque perche de terre sise au bourg de Jard 1). »

« Toutefois dans cette *Couture*, et dans le bourg de Jard
« certaines perches de terre ne paieront que neuf deniers.
« Nous décrétons que les foires qui avaient lieu à Saint-
« Lazare auront lieu dans votre bourg à l'avenir. Elles
« dureront du samedi avant le dimanche des Rameaux
« jusqu'au Samedi-Saint. Les charpentiers qui fabriquent
« tonneaux et charriots devront travailler dans votre
« bourg et non ailleurs. De même tous les marchés de
« bois de construction s'y tiendront. Il vous est permis de
« construire des loges, des puits, des escaliers devant vos
« maisons sans l'autorisation des seigneurs et sergents. »

« Vous aurez votre propre maire qui jugera vos excès et vos forfaits, et qui transmettra à l'archevêque ceux qu'il ne pourra réprimer. »

Cet acte présente un intérêt particulier, il donne la mesure du libéralisme de l'archevêque. Il accorde aux habitants des libertés et des avantages, mais en tirant d'une possession inutile des revenus fixes et annuels.

La dernière charte de libertés que Guillaume dut accorder à ses vassaux fut celle de la petite ville de Thuisy près Sept-Saulx.

Cette petite ville appartenait de moitié à l'archevêque et au sénéchal Guillaume (2).

En 1191, il exempta de la taille les habitants, fixa les redevances payables à la Saint-Martin d'après les revenus de chacun : « dix deniers, un setier d'avoine, un chapon payables par quiconque ne possède pas de cheval susceptible d'être attelé. Quiconque possède un, deux,

(1) Varin, I, 1ʳᵉ partie, t. Iᵉʳ, p. 402.
(2) Varin, I, 1ʳᵉ partie, p. 417.

trois, quatre chevaux sera tenu de payer deux sous, deux setiers d'avoine et deux chapons par cheval.

Quatre parts des revenus seront faites chaque année, deux reviendront à l'archevêque, deux au sénéchal.

En revanche, deux échevins seront établis à Thuisy, tous deux jureront fidélité aux seigneurs, et aux habitants. Aux seigneurs comme propriétaires, aux habitants sur le fait de la justice.

Deux maires seront établis qui rempliront l'un, l'office de l'archevêque, l'autre celui du sénéchal. Ils seront tenus de résider. Des mesures pénales, qui ne s'appliquent ni à la famille de l'archevêque, ni à celle du roi suivent ces premières dispositions.

« Les gens, disait encore l'acte, seront libres d'aller « habiter la ville et libres de la quitter avec leurs biens.

« Les maires auront droit aux revenus de deux quartiers « de terre, à douze pains, à douze sous pour leur vin, et « à un chapon évalué trois sous et demi.

« Si l'un des deux maires fait défaut, l'autre remplira « le double office de l'archevêque et du sénéchal.

« Les échevins devront réprimer les forfaits. Celui qui « sera condamné, devra à l'échevin un setier de vin, ni « le meilleur ni le pire, qui sera payable à Noël.

« Si quelqu'un appelle à Reims d'un procès jugé par « un échevin, et est à nouveau condamné, il devra payer « au gagnant du procès les frais de son voyage à l'aller « et au retour.

« Le serment de fidélité à cette charte devait être re- « nouvelé tous les quinze ans. »

Le dernier acte de Guillaume aux Blanches-Mains dans cet ordre d'idées est comme une rétractation de tout ce qu'il avait fait précédemment. En effet au mois de novembre 1198 (1), par un acte solennel il s'engagea à ne plus autoriser entre les citoyens de Reims la formation

____

(1) Varin, Arch. adm., t. Ier, p. 434.

de charte de commune, de franchises, de libertés d'aucune sorte sans l'assentiment préalable du chapitre de Notre-Dame.

Guillaume s'élève contre la malignité des habitants de la ville, qui jadis pour couvrir leur méchanceté d'un voile arrachèrent à Louis VII leur liberté et obtinrent une charte au détriment de l'église de Reims.

Malgré tout, cet acte n'est pas absolument inconciliable avec la charte de 1182. La *Wilhelmine* était une transaction au delà de laquelle son auteur comptait sans doute ne jamais aller. Il est même possible que la demande du chapitre ait été provoquée par lui dans le but de détruire chez les bourgeois certaines espérances. D'ailleurs l'expérience avait montré que la commune mettait en péril la seigneurie des églises tandis que l'échevinage restreint au ban archiépiscopal n'avait rien de bien dangereux.

L'absence des documents précis faisant connaître en détail la vie intérieure de Reims à cette époque empêche d'expliquer cette charte et cette promesse de 1198 d'une façon formelle. On est réduit aux seules hypothèses, celle-ci semble d'accord avec les faits et le tempérament de l'archevêque Guillaume.

CHAPITRE V

GUILLAUME AUX BLANCHES-MAINS
ÉVÊQUE DE CHARTRES

1165 (COMMENCEMENT DE L'ANNÉE). — 8 AOUT 1176.

Bien que Guillaume aux Blanches-Mains ait été élu archevêque de Sens et sacré comme tel le 22 décembre 1168, il conserva toutefois par une dispense spéciale du Pape l'évêché de Chartres dont il ne se démit que lors de son élection à Reims. Il fit à Chartres de nombreuses réformes portant principalement sur l'administration des revenus du chapitre de la cathédrale. Peu de documents nous sont parvenus, permettant de préciser quels furent ses rapports avec les paroisses ; nous en avons quelques-uns au contraire. concernant les relations de Guillaume et des abbayes.

I

RAPPORTS AVEC LE CHAPITRE.

Jusqu'en l'année 1169 nous ne rencontrons pas le nom de Guillaume aux Blanches-Mains mêlé aux affaires du chapitre. Il est probable qu'il accomplit surtout ses réformes comme métropolitain de Sens. Du reste son autorité avant l'année 1168 devait être assez restreinte puisqu'il n'était alors qu'évêque élu. et non sacré.

En l'année 1169, il régla une affaire qui intéressait le temporel du chapitre. Eudes et son fils Rahier de Montigny avaient donné aux chanoines de Chartres la dîme et les prémisses de tout le territoire du Gault (1), depuis le gué de Tronelle jusqu'à la terre d'Oigny. Rahier de Montigny s'opposa ensuite à cette donation ; le procès fut porté devant Guillaume aux Blanches-Mains. Le chapitre conserva par la sentence de celui-ci ses propriétés, mais Rahier moyennant un cens de vingt sous avait droit de percevoir les deux tiers du grain, de la paille, sauf sur le territoire de Neuve-la-Fontenelle.

Un franc servant était accordé au chapitre, et devait lui prêter serment de fidélité, ainsi qu'à Rahier.

C'était-là une de ces mille questions qui se présentaient chaque jour à la cour de l'évêque ou de l'archevêque.

Une affaire d'un ordre général, d'un intérêt supérieur, n'allait pas tarder à recevoir une solution. Nous voulons parler de la question de la résidence des chanoines, et de la réglementation de leurs revenus.

La Papauté s'intéressait vivement à la question de la résidence des chanoines. Aussi bien, celle-ci essayait-elle de les forcer à la résidence en les privant de leurs revenus, s'ils ne se soumettaient à la règle. Déjà le pape Alexandre III avait déclaré que les chanoines de Chartres qui ne résideraient pas ne toucheraient qu'un revenu de vingt sous.

Guillaume prit en 1171 une décision analogue (2).

Tout chanoine non résidant ne devait percevoir de sa prébende qu'une somme de quarante sous. L'archevêque fixait comme durée de la résidence la moitié de l'année. Le doyen du chapitre Geoffroi et tout le chapitre approuvèrent cette décision et promirent de la respecter.

Au demeurant les chanoines de Chartres devaient se montrer satisfaits de ces nouveaux réglements qui concordaient avec la réorganisation complète de la réparti-

---

(1) L. Merlet, *Cartulaire de Notre-Dame de Chartres*. Le Gault : Canton de Droué, arrondissement de Vendôme (Loir-et-Cher).
(2) Merlet, *Cartulaire de Notre-Dame de Chartres*.

tion des revenus du chapitre. Les chanoines de Chartres (1) étaient devenus propriétaires fonciers au IXe siècle. Ils avaient alors choisi quatre prévôts pour régisseurs de leurs biens. Ces quatre prévôts siégeaient à Nogent-le-Phaye, à Fontenay-sur-Eure, à Amilly, à Beauce. Ils ne tardèrent pas à commettre des exactions. En 1114 l'évêque Eudes avait eu à discuter leur administration, de même Gozlin de Lèves qui avait exercé les fonctions de prévôt.

En 1171, Guillaume aux Blanches-Mains, las de ces exactions, ne voulut plus les tolérer. Il supprima aux prévôts le droit de gérer les biens du chapitre, les droits de justice qu'ils avaient, et établit les dispositions suivantes.

Les prébendaires devront se grouper par groupes de deux, trois, quatre ou plus suivant l'importance des prébendes et après une juste estimation de leur valeur (2).

Ils géreront eux-mêmes leurs biens, en percevront les revenus, et tous les cinq ans renouvelleront la répartition de ces prébendes. Tous les droits de justice séculière sur les terres et leurs habitants devaient leur revenir, le prévôt conservant seulement le droit de présenter concurremment avec les chanoines, les prêtres des églises qui venaient à vaquer. Le prévôt était appelé à recevoir le serment de fidélité des prêtres, même au cas où il se serait désintéressé de leur présentation.

Le pape Alexandre III par bulle du 8 avril 1172 confirma ces dispositions.

Par suite de cette mesure, à en croire la notice nécrologique consacrée à Guillaume lors de sa mort (3), les revenus des chanoines furent presque doublés.

Guillaume fit au chapitre de Chartres donation de l'é-

(1) **Merlet**, *Prolégomènes du Cartulaire de Notre-Dame de Chartres.*

(2) **Merlet**, *Cartulaire de Notre-Dame de Chartres*, p. 188-190. Bulle d'A lexandre III, [8 avril 1172] et dispositions de Guillaume.

(3) **Merlet**, t. III, *Cartulaire de Notre-Dame de Chartres*, à la date du VIII des Ides de septembre, p. 169 « per quod prebende singule fere in duplo sunt, sicut a canonicis ipsis compectum, augmentate ».

glise de Saint-Léger-des-Aubées. libre de la juridiction de l'archidiacre dont elle relevait jusqu'au temps de Milon, archidiacre de Chartres (1).

Guillaume aux Blanches-Mains avait eu maille à partir avec les laïcs lors de son arrivée à Chartres. Ceux-ci s'étaient emparé de la juridiction de l'église de Saint-Maurice. Guillaume la leur reprit, et sa possession lui fut confirmée par Alexandre III (2).

Le comte Thibaut de Champagne ayant fait plusieurs donations à l'église Notre-Dame de Chartres, en 1166, Guillaume confirma ces donations (3).

II

Rapports avec les Abbayes.

Les abbayes du diocèse de Chartres étaient au nombre de 21. Quelques documents les concernant nous sont parvenus. Pour certaines de ces abbayes, des Cartulaires publiés ou inédits nous renseignent sur le rôle que joua Guillaume aux Blanches-Mains dans leurs affaires temporelles.

Abbaye de Josaphat (4).

Guillaume aux Blanches-Mains fit la dédicace de l'abbaye de Josaphat le 9 juin 1169 (5). Il accorda des indulgences à tous ceux qui assistèrent à cette cérémonie. Cette abbaye fut enrichie par l'archevêque Guillaume du droit

(1) D'après une bulle d'Alexandre III, publiée par M. L. Merlet, *Cartulaire de Notre-Dame de Chartres.* Cette donation est antérieure au 9 septembre 1173, date de la bulle d'Alexandre III.

(2) L. Merlet, *Cartulaire de Notre-Dame de Chartres*, t. Ier, p. 178 (11 avril 1168-69 d'après Jaffé).

(3) *Gallia Christ.*, t. viii, col. 1147.

(4) Abbé Métais, *Cartulaire de l'Abbaye de Josaphat, passim.*

(5) Gallia. t. viii, col. 1146.

de tonlieu et du péage qu'il percevait à la porte de Dreux. En 1173, il donna aux moines de cette abbaye les revenus de la prébende de Saint-Maurice, donation confirmée par Alexandre III.

Il leur confirma en outre la donation de l'église de Saint-Piat faite par son prédécesseur Geoffroy, ainsi que le droit de percevoir la moitié des offrandes faites à cette église aux quatre grandes fêtes de l'année.

Guillaume aux Blanches-Mains intervint encore pour confirmer des donations faites par Ysabelle de Dourdan, Rainaud de Mongerville, Mabille, femme de Simon de Lèves.

Au point de vue de la juridiction, cette abbaye relevait de l'évêque de Chartres et Guillaume mit fin aux discussions qui s'étaient élevées entre les moines de Josaphat, et l'église de Saint-Jean en Vallée au sujet des dîmes de Fleurfont, ainsi qu'avec Milon du Coudray au sujet des dîmes de la paroisse Saint-Arnoult.

Il excommunia les habitants de la terre de Thyvars qui ne voulaient pas restituer cette terre à l'abbaye (1).

Léproserie de Beaulieu.

Guillaume accorda aux lépreux de Beaulieu tous les droits et revenus qu'il possédait sur la foire de Saint-Simon en tant qu'évêque de Chartres (2).

Les lépreux avaient droit à une prébende à prendre dans l'église de Saint-Jean-en-Vallée. L'archevêque fit rentrer cette prébende aux mains des chanoines au moyen d'un échange par lequel il abandonnait aux lépreux tous

(1) Tous ces actes se placent entre le 22 décembre 1168, et le 8 août 1176. La suscription porte les mots : W. *Senonensis archiepiscopus.* Deux seulement furent faits comme évêque de Chartres, notamment celui qui porte l'excommunication contre les hommes de Thyvars (*Cartulaire de Notre-Dame de Josaphat*, chapitre 251).

(2) *Cartulaire de la Léproserie de Beaulieu*, n° 71.

les biens qui lui appartenaient à Escorpain, Louvilliers
et Boissy (1).

Etant archevêque de Reims, Guillaume obtint de sa
sœur Alix de Blois et de son fils Louis qu'il fut accordé
aux lépreux de Beaulieu une rente de quarante sous à
prendre à Chartres au moment des fêtes de la Pentecôte (2).

III

RAPPORT AVEC LES AUTRES ABBAYES.

La Madeleine.

Entre 1174 et 1176, Guillaume écrivit à Herbert abbé de
la Madeleine et confirma tous les biens de cette abbaye (3).

Saint-Evroult.

Yves d'Hilliers reconnut devant l'évêque de Chartres,
Guillaume aux Blanches-Mains, devoir à l'abbaye 3 muids
de vin qui lui avaient été donnés par Giraud Boel (4).

(1) *Cartulaire de la Léproserie de Beaulieu,* n° 92.
(2) *Cartulaire de la Léproserie de Beaulieu,* n° 154.
(3) *Cartulaire de la Madeleine, passim.*
(4) L. Merlet, *Cartulaire de Notre-Dame de Chartres,* t. ıᵉʳ, p. 174.

CHAPITRE VI

GUILLAUME AUX BLANCHES-MAINS
ARCHEVÊQUE DE SENS ET LÉGAT

22 décembre 1168. — 8 août 1176.

I

RAPPORTS AVEC ALEXANDRE III ET LE ROI LOUIS VII.

Le pape Alexandre III honora Guillaume aux Blanches-Mains de sa faveur tout le temps qu'il vécut. Nous avons déjà eu occasion de noter quelques-unes des lettres flatteuses qu'il écrivit à Guillaume (1).

Du moment où Guillaume fut élu archevêque de Sens, le pape le créa légat en France. Il avait grande confiance dans la prudence et la dévotion de l'archevêque (2).

Aussi bien des légations importantes lui furent-elles confiées, à propos de l'affaire Thomas Becket et de la réforme de l'abbaye Saint-Victor de Paris.

De nombreux différends portés devant la Cour de Rome furent jugés par lui, comme légat du Saint-Siège.

Il fut chargé de régler celui qui avait éclaté entre Payen l'Anglais et Eudes de Saint-Denys à propos de la possession d'une fenêtre sur le grand Pont, à Paris (3).

Le Pape le délégua également en 1173-1174 (4), pour juger

(1) Chapitre Iᵉʳ. Lettre adressée à Louis VII, en 1165.

(2) *Archives de l'Yonne* (Sens G. 41). *Sane cum te, propter prudenciam et honestatem tuam et propter devocionem et fidei puritatem quam circa nos exhibes, speciali prerogativa diligimus et volumus honorare.....* (préambule).

(3) *Cartulaire général de Paris*, comte R. de Lasteyrie, t. I, p. 418.

(4) Id., p. 427.

le différend mu entre l'Hôtel-Dieu de Paris et les officiers du Roi au sujet de la porte Baudoyer.

En dehors de ces légations qui marquent la confiance d'Alexandre III en Guillaume aux Blanches-Mains, le pape confirma souvent les actes de l'archevêque de Sens, lui marquant ainsi l'estime qu'il avait pour lui.

Le Roi de France se rendait souvent à Saint-Julien-du-Sault, dans ce pays il avait le droit de gîte. Guillaume racheta au roi ce droit en 1170 (1).

En 1176, le roi Louis VII donna au chapitre et à « son ami et fidèle » Guillaume, archevêque de Sens, les droits qu'il possédait en fief sur les moulins du vicomte de Sens, au faubourg de cette ville. Le chapitre et l'archevêque donnèrent au roi en échange tout ce que le vicomte de Sens possédait à Sens et tenait en fief de l'église (2).

II

GUILLAUME ARCHEVÊQUE DE SENS
ET LE CHAPITRE DE SAINT-ETIENNE.

Le chapitre de Saint-Etienne de Sens était soumis à la juridiction de l'archevêque et était sous sa dépendance. Guillaume aux Blanches-Mains fut assez peu de temps archevêque de Sens, aussi bien ne devons-nous être que peu étonnés du petit nombre de jugements, d'actes de tous genres, attestations, donations, confirmations qui nous sont parvenus.

Un jugement contre les chanoines qui réclamaient au détriment de Solère de Marlac et de l'abbaye de Sainte-Colombe les dîmes du vin à Villeparet (3), en 1174. La con-

____

(1) *Archives de l'Yonne*, G. 515. — A. Luchaire, *Catalogue des Actes de Louis VII.*

(2) *Archives de l'Yonne*, G. 1362.

(3) Arrondissement de Sens ou Villeperrot, n° 54 du *Catalogue d'Actes.*

firmation de la donation faite par le chapitre de Brannaz
et de Liay à l'abbaye de Saint-Jean-les-Sens en 1175 sont
les seules chartes de Guillaume données pour le corps
du chapitre (1).

Les frères de l'église de Sébaste étant passés en France
avec les reliques de saint Jean-Baptiste, Guillaume
obtint du chapitre de Saint-Etienne de Sens qu'il cédât
à ces frères les revenus de deux églises, celle de Saint-
Pierre-les-Nemours, et celle d'Ormesson afin de les aider
dans la création de la collégiale de Nemours. Les frères
devaient y avoir deux chanoines, et les remplacer par
un prêtre capable si par suite de rappel par leur
évêque ou la mort de l'un d'eux ces chanoines dispa-
raissaient (2).

Enfin, Guillaume aux Blanches-Mains institua à Sens
quatres chanoines pour desservir l'autel de Saint-Jean
qu'il avait fondé dans la cathédrale. Il leur accorda pour
revenus ceux des trois églises de Boutigny (3).

III

GUILLAUME AUX BLANCHES-MAINS
ET LES DIGNITAIRES DU CHAPITRE DE SAINT-ETIENNE DE SENS.

1º Prévôt.

Guillaume aux Blanches-Mains agit avec le prévôt de
l'église de Saint-Etienne de Sens comme il avait fait avec
ceux de Notre Dame de Chartres. Il semble avoir pour-

(1) Il fit également don au chapitre de l'Eglise de Villeneuve-sur-
Yonne. Longnon. *Obituaires de la cathédrale de Sens*, p. 2. « VII idus septembri 1202, ob. Guillelmus Senonensis et postea Remensis qui dedit
nobis ecclesiam de Villanova supra Yonam ».

(2) *Gallia* XII. M. Ledillez publie une partie de cette charte dans
une histoire manuscrite de Nemours écrite vers 1771.

(3) *Archives de l'Yonne.* (Bibl. de Sens). G. 112.

suivi partout avec la même autorité la ruine de cette institution. A Chartres il la supprime, à Sens aussi, à Troyes il en souhaite la disparition. A Reims il agit de la même manière.

Le prévôt Aribald ayant été tué en Flandre, en 1176, il rendit au chapitre les revenus de cette charge qu'il rattacha au doyenné (1).

2° *Doyen.*

Le prévôt supprimé, sa charge fut rattachée à celle du doyen qui reçut en supplément de revenus (2) ceux des deux églises de Saint-Florentin et de Champlost.

3° *Préchantre.*

Vers l'année 1170, Guillaume considérant que la charge d'écolâtre appartenait au préchantre de l'église de Sens le confirma dans cette fonction. Seul le préchantre avait le droit de diriger les écoles de grammaire, de chant, de psautier dans la ville de Sens. Sa juridiction (3) s'étendait en outre sur les villes de Joigny[a], Courtenay[b], Marolles[c], Montereau[d], Moret[e], Bray[f], Troinel[g], Villemaur[h].

L'archevêque de Sens avait en outre augmenté les revenus du préchantre de l'église, car une bulle d'A-

(1) *Archives de l'Yonne.* G. 41. Conf. par Alexandre III.

(2) Id. G. 54 *bis*, n° 19.

(3) *Archives de l'Yonne*, G. 705. Quantin. *Cartulaire général de l'Yonne*, II, p. 210.

a Joigny : Yonne, chef-lieu d'arrondissement.

b Courtenay, chef-lieu de canton (Loiret), arrondissement de Montargis.

Marolles-sur-Seine. Canton Montereau, arrondissement Provins.

d Montereau.

e Moret.

f Bray.

g Troinel : Aube : Canton de Nogent-sur-Seine.

h Villemaur : Canton d'Estissac : arrondissement Troyes (Aube).

lexandre III confirma à ce dernier les donations à lui
faites par l'archevêque, d'accord avec le chapitre, et portant sur le quart des offrandes faites à l'archevêque le
jour de la Pentecôte (1).

4° *Trésorier*.

Vers 1170, l'archevêque de Sens rendit en faveur du
trésorier de l'église, Hilduin, un jugement au sujet de
terres qui lui étaient contestées par un chevalier Geoffroi. Les terres avaient été données en aumône à la trésorerie sous l'archiépiscopat de Gui par un chevalier du
nom de Mariot (2).

Vers la même époque, Guillaume confirma le trésorier
Hilduin dans la possession de l'office de la chèvecerie que
son prédécesseur Simon avait également détenu. Le chapitre de la cathédrale protesta. Les deux offices étaient
distincts au dire des chanoines. Le chèvecier devait chaque
année présenter ses comptes (3), prélever les revenus de
sa charge, dépenser le surplus pour l'église. Un accord
intervint ; tout un règlement nouveau sur les cierges et
lumières à fournir à la cathédrale fut alors promulgué
par l'Archevêque (4).

5° *Marguilliers*.

Guillaume aux Blanches-Mains fonda dans l'église de
Sens quatre marguilliers laïcs dont le rôle consistait à
sonner des cloches, à conduire à bien les affaires de l'é-
glise. Chaque semaine deux d'entre eux étaient obligés de
se tenir dans l'église : aux deux autres il accordait le droit
de vivre dans sa maison. Ils devaient chaque jour recevoir
trois mesures de vin, quatre pains, autant de plats de la

(1) *Archives de l'Yonne*, G. 108.
(2) *Archives de l'Yonne*, G. 704 et G. 54 *bis*. (*Bibl. de Sens*).
(3) Id. *Bibl. de Sens*, G. 54 *bis*, copie du XVIIe siècle.
(4) Quantin, *Cartulaire général de l'Yonne*, II, 231.

cuisine de l'Archevêque que les autres clercs qui vivaient à sa table, deux par jour en cas d'absence de l'Archevêque. Ce fut en 1176 que cette création fut faite (1).

IV

GUILLAUME AUX BLANCHES-MAINS, ARCHEVÊQUE DE SENS ET LES DIOCÈSES SUFFRAGANTS (2).

Nous n'avons recueilli sur les diocèses suffragants de Sens qu'un très petit nombre de renseignements ,et ceux-ci sont plus intéressants pour l'histoire des abbayes que pour celle de l'archevêché.

I. — EVÊCHÉ D'AUXERRE.

Des actes relatifs aux abbayes nous sont seuls parvenus.

1° *Saint-Julien d'Auxerre.*

Lors d'un passage de l'Archevêque de Sens à Auxerre en 1173, il trancha entre Agnès I, abbesse de Saint-Julien d'Auxerre et Etienne, prêtre des deux paroisses de Migé et de Charentenay, un différend qui était né entre eux au sujet du droit de présentation à ces deux cures, et maintint le droit de l'abbesse (3).

(1) *Archives de l'Yonne*, G. 54 *bis* (Sens). Quantin, *op. cit.*, II, p.. 582 .
(2) *Les évêchés suffragants étaient* les suivants :
Auxerre : Guillaume I⁰ʳ de Tomy, juillet 1167-1182. ˙
Paris : Maurice de Sully, 1160-1196.
Nevers : Bernard de Saint-Saulze, 1160-1177.
Troyes : Mathieu, 1169-1180.
Chartres : Guillaume aux Blanches-Mains, 1163-1176.
Meaux : Etienne de la Chapelle. 1162-1171. Pierre de Pavie 1161-74.
Orléans : Manassés II, de Garlande, 1146-1186.
Bethléem.
(3) Quantin. *Cartulaire général de l'Yonne*, II, 244.

2° *Abbaye de Crisenon.*

Le nombre des religieuses de l'abbaye de Crisenon augmentant sans cesse, les ressources de l'abbaye étant insuffisantes pour leur entretien, l'archevêque de Sens fixa en 1170, leur nombre à cent (1).

3° *Saint-Marien-d'Auxerre.*

L'abbaye de Saint-Marien d'Auxerre fut prise sous sa protection par Guillaume en 1173. Il lui confirma la possession de tous ses biens ainsi que celle de l'église et de l'enclos de Val-Profonde donnés par Louis VII et sis en la forêt d'Othe. De même il lui assura la possession de plusieurs moulins sur la Beauche, ceux de Brichou, Bassou, Gurzy (2). La même année Guillaume attesta la donation faite en sa présence par Renaud Charenton et son fils Foulque de toutes leurs possessions dans la forêt de Palteau, donnée par eux pour être mise en valeur (3).

Un jugement de Guillaume aux Blanches-Mains au sujet des dîmes de Bassou fut rendu en faveur de l'abbaye de Saint-Marien contre le curé de ce lieu qui les contestait (4).

II. — Evêché de Meaux.

En l'année 1169, Etienne de la Chapelle, évêque de Meaux, fut élevé à la dignité d'archevêque de Bourges. Il fut remplacé par Pierre de Pavie à l'élection de qui

---

(1) Quantin, *op. cit.*, II, 219.
(2) *Archives de l'Yonne*, H. 1206.
(3) *Archives de l'Yonne*, H. 1282.
(4) *Archives de l'Yonne*, H. 1256

Guillaume prit une grande part (1). Mais en 1172 Pierre de Pavie fut promu au cardinalat.

Promu cardinal, Pierre de Pavie devait se démettre de son évêché. Il s'y maintint quelque temps. Guillaume aux Blanches-Mains s'en plaignit au Pape. Alexandre III écrivit à Pierre de Pavie que son devoir était de renoncer à l'évêché de Meaux (2).

La plainte de l'Archevêque de Sens n'avait pas été complètement désintéressée, car pendant la vacance de l'évêché les revenus du suffragant appartenaient à l'Archevêque de Sens.

Guillaume fit alors élire Pierre, docteur de l'Université de Paris, qui ne put prendre possession de l'évêché et ne fut pas même sacré, car en 1175 l'évêché de Meaux était encore vacant (3).

Une troisième élection eut lieu et Simon, qui avait été archidiacre de Sens et trésorier de l'église de Meaux, fut élevé à l'épiscopat.

III. — Evêché de Paris.

Guillaume aux Blanches-Mains eut avec Maurice de Sully (4), évêque de Paris, de nombreux rapports. Plusieurs fois il fut établi par le Pape, arbitre de différentes affaires entre l'Evêque de Paris et d'autres personnages. Il régla les difficultés survenues entre Maurice de Sully et le chapitre au sujet des revenus du décanat pendant la vacance de cet office.

Guillaume aux Blanches-Mains régla dans le diocèse de Paris différentes autres questions qui touchent plutôt à l'histoire intérieure de l'abbaye Sainte-Geneviève à

---

(1) Pierre de Celles. Lib. VII. epist. Lettre 8. Migne Pat. lat.

(2) Labbe, *Concilia*, t. x, p. 1296. Dom Toussaint du Plessix, *Histoire de l'Église de Meaux*, t. Ier, p. 161-162.

(3) Du Plessis, *op. cit.*, t. II. pièce n° CXXVI.

(4) V. Mortet. *Maurice de Sully*, passim.

laquelle il octroya la cure de Choisy-aux-Bœufs (1), ou à l'abbaye des Vaux-de-Cernay et de Saint-Martin-des-Champs dont il confirma les privilèges et les possessions.

Réforme de l'abbaye Saint-Victor de Paris.

L'Archevêque de Sens joua dans la réforme de l'abbaye Saint-Victor de Paris un rôle prépondérant. L'abbaye relevait directement du Saint-Siège, ce fut donc comme légat d'Alexandre III que Guillaume aux Blanches-Mains fut appelé à participer à cette réforme.

L'Archevêque de Lund, Estrill, ayant fait un dépôt de 360 marcs d'argent à l'abbaye, le réclama. Ernis, abbé, avait dépensé la somme, d'où procès. Pierre de Pavie défendit l'abbaye (2), mais les moines furent toutefois condamnés à restitution. La somme dépassait les ressources de l'abbaye. L'affaire fit du bruit. Ce ne fut pour ainsi dire qu'un épisode de l'abbatiat d'Ernis. Alexandre III, encore à Sens, s'était préoccupé déjà des désordres et du manque de direction de l'abbaye.

Aussi, en septembre 1169 (3), écrivait-il à Guillaume aux Blanches-Mains : « Comme nous étions à Sens, il « nous revint aux oreilles que l'église de Saint-Victor « de Paris qui, parmi les églises de France, brillait jadis « d'un grand éclat, était par la faute de son abbé plongée « dans le désordre ». Il recommandait à Guillaume de s'occuper de l'abbaye. Au mois de février 1171, le Pape écrivit de nouveau à Guillaume pour lui donner mission de réformer l'abbaye, de concert avec Etienne de Meaux, et l'abbé du Val-Secret. Il se plaignait de l'abbé Ernis dont le zèle ainsi que celui des moines se ralentissait.

« Par la seule force des rames, un navire ne peut entrer au port si celui qui tient le gouvernail est inhabile —

(1) *Historiens de France* : Cf. Supplément de Gilbert du Mont.
(2) Delahaye, *Registre des t. historiques* 1891, t. 1ᵉʳ, p. 1
(3) Jean de Thoulouze, *Annales de Saint-Victor*. Bibl. Nat. mss. 14679, p. 611.

écrivait le Pape (1) — faites le nécessaire pour que l'abbaye recouvre son ancienne splendeur... Ecartez sans aucune hésitation ceux qui lui nuisent. »

Toute autorité était donnée au légat, l'appel au Saint-Siège était écarté. En même temps Alexandre III écrivait aux moines de l'abbaye de Saint-Victor, leur annonçant la mission qu'il avait confiée à l'Archevêque de Sens. L'abbé Ernis était alors à la tête de la célèbre abbaye, il avait géré les biens d'une façon déplorable, avait fait élever de fastueuses constructions. Il fut déposé par l'Archevêque de Sens, qui se rendit à Paris pour mettre ordre à cette affaire, après avoir prévenu de sa visite les chanoines de Saint-Victor (2). L'abbé Ernis fut remplacé par Guérin. Le Pape Alexandre III confirma cette nomination, ordonnant qu'il ne fut rien exigé pour l'intronisation de l'abbé (3).

Mais l'ancien abbé Ernis était parti en emportant des biens, une partie du trésor de Saint-Victor. Il avait caché des vases, des objets précieux et ne voulait point les restituer. Deux cardinaux légats du Saint-Siège, Albert et Théodin, en écrivirent à Guillaume, le priant de contraindre Ernis à abandonner ces biens (4).

Guillaume délégua, pour ce faire, Maurice de Sully, évêque de Paris, le chargeant de faire restituer sans retard à l'abbaye le calice d'or, les vases, et autres objets dérobés (5). Maurice de Sully ne dut pas pouvoir s'acquitter de cette mission, car il répondit au métropolitain de Sens qu'il le priait de venir en personne à Paris pour s'occuper de cette affaire (6).

Guillaume fit-il un nouveau voyage à Paris, nous l'i-

---

(1) Migne, CC., col. 771.
(2) Duchesne, *Histoire Française*, t. IV, p. 749.
(2) Martène, t. VI, p. 254 (*Amplissima Coll.*).
(4) Martène, t. VI. Col. 252, vers 1172.
(5) De Lasteyrie, *Cartulaire général de Paris*, t. 1er, p. 425.
(6) Martène. *Amplissima Coll.* t. VI, p. 252.

gnorons ainsi que les dates précises de toute cette réforme qui se fit entre 1169 et 1172. Nous ne sommes pas mieux renseignés sur les dates de la donation faite par Guillaume, archevêque de Sens, à l'abbaye de Saint-Victor, des deux églises de Saint-Martin et de Villiers. Nous ne connaissons ces donations que par la lettre que Guérin, abbé de Saint-Victor, lui adressa pour le remercier (1).

V

RAPPORTS DE GUILLAUME AVEC LES ABBAYES DU DIOCÈSE DE SENS.

1° Saint-Jean-les-Sens.

En 1172, Guillaume enrichit l'abbaye de Saint-Jean-les-Sens (2) de nombreuses églises : celles de Molinons, Villeneuve-sur-Vanne, de Vaumort, de Saint-Victor-de-Serbonnes, de Saint-Martin-de-Montbarrois, de Notre-Dame-de-Boiscommun, à condition que l'abbaye y établirait les chanoines nécessaires à l'administration (3).

Trois ans plus tard, Guillaume confirma la donation faite par le chapitre de la cathédrale de Sens à l'abbaye de Saint-Jean. Le chapitre avait donné à l'abbaye tous les biens qu'il possédait à Brannay et à Lixy, à condition de payer à Renaud de Courtenai, fondateur du village, une rente annuelle de seize livres parisis, et à sa mort au chapitre de Saint Etienne (4).

Vers la même époque, en 1175, l'archevêque eut à

(1) *Archives de l'Yonne*, Bibl. de Sens, G. 59. (An. 1176 le 8 août).

(2) Abbaye de Saint-Jean-les-Sens : *Abbaye d'Augustins, diocèse de Sens.*

(3) *Archives de l'Yonne*, H. 15. Quantin : *Cartulaire général de l'Yonne*, p. 238. Quesvers et Stein, *Pouillé du diocèse de Sens* p. 21.

(4) *Archives de l'Yonne*, H 25.

régler un différend pendant entre l'abbaye de Saint-Euverte d'Orléans, l'abbaye de Saint-Jean, et une femme du nom de Lucienne, tante maternelle de Girard, chantre de Mehun. Ce dernier avait laissé par testament une maison sise en la paroisse de Saint-Benoist à Sens aux deux églises susdites, stipulant toutefois que ses héritiers auraient l'autorisation de conserver cette maison en payant chaque année une rente de dix sous à l'église de Saint-Jean et une somme égale à l'église de Saint-Euverte. Le procès en réclamation vint devant la cour de l'Archevêque qui diminuant d'un sou par église la rente à payer, trancha ainsi le différend (1).

Un autre procès entre l'abbaye et Ferric de Boutigny fut jugé par l'Archevêque qui accorda aux chanoines les menues dîmes de Boutigny contestées par le chevalier (2).

2° Saint-Remy de Sens.

L'année où Guillaume fut promu archevêque de Reims en 1176, il confirma tous les biens de cette abbaye (3).

3° Abbaye de Dilo (4).

Deux actes seulement nous sont parvenus, l'un, de 1174 est une confirmation de la donation faite à l'abbaye par Pierre de Vareilles de la forêt de Vaumort (5), donnée pour être défrichée par les moines, l'autre, de 1176 par lequel Guillaume, considérant la régularité de vie des moines de l'abbaye de Dilo, leur fait donation de l'église de Bussy, libre de toute redevance à payer soit à lui ou à l'archidiacre. Il renouvelle la donation de l'église

---

(1) *Archives de l'Yonne.* H. 414.
(2) *Archives de l'Yonne.* G. 1484.
(3) Gallia XII, Inst^o n° 50.
(4) Prémontrés, diocèse de Sens.
(5) Quantin, *Cartulaire général de l'Yonne.* II, p. 253.

de Paroy en Othe que son prédécesseur avait concédée à l'abbaye (1). Celle-ci fut confirmée en 1184 par le chapitre (2).

4° Abbayes de Sainte-Colombe, de Vauluisant de la Pommeraie, de Saint-Pierre-le-Vif-de-Preuilly.

Les actes donnés en faveur de ces abbayes sont trop peu nombreux pour que nous en parlions ici. Ce sont en général de simples attestations de donations. Rien ne nous renseigne sur la vie intérieure de ces abbayes. Les relater ici serait sans intérêt. Rappelons seulement que ces abbayes relevaient de l'archevêque de Sens.

(1) *Archives de l'Yonne*, H. 600. Quantin, *op. cit.*, p. 250.
(2) Quesvers et Stein, *Pouillé du diocèse de Sens*, p 38.

CHAPITRE VII

GUILLAUME AUX BLANCHES-MAINS
ARCHEVÊQUE DE REIMS

I

Biens et droits de l'archevêque de Reims.

Une bulle d'Alexandre III (1) confirmant les possessions de l'archevêque de Reims nous donne la liste des biens lui appartenant. L'archevêque de Reims avait des droits nombreux, il était riche au temporel, et son influence s'étendait sur toute la Belgique seconde.

Les évêchés suffragants étaient au nombre de onze.

Aussi bien, peut-on penser quelles complications administratives devaient surgir pour l'archevêque, qui était juge d'appel, qui contrôlait les actes de ses suffragants et dont on invoquait souvent le droit de juridiction gracieux. Sur les évêchés suffragants, nous ne sommes bien renseignés que pour Tournai, grâce à la volumineuse correspondance d'Etienne, évêque de cette ville.

Les évêchés suffragants étaient ceux de Soissons, Laon, Cambrai, Beauvais, Châlons, Senlis, Noyon, Amiens, Arras, Tournai, Térouanne.

Les abbayes du diocèse de Reims qui relevaient de l'archevêque étaient celles de Saint-Rémi, Saint-Nicaise, Saint-Denys, Saint-Pierre, situées dans la ville même, celles de Mouzon, Saint-Thierry, Hautvilliers, Saint-Basle, Notre-Dame d'Igny.

L'archevêque de Reims avait le droit de patronage dans

---

1) Varin, T. I, 1re partie, page 381. (13 avril 1179.)

différents autres monastères, à Avenay, à Orbais, au diocèse de Soissons à Lysonig, au diocèse de Tournai. Il exerçait le droit de juridiction sur les bourgeois de Saint-Quentin.

Au point de vue du temporel, l'archevêque avait la pleine et entière propriété de la ville de Reims et du fief détenu par le comte de Champagne, qui devait hommage à l'archevêque. Ce fief comprenait Vitry (1), Vertus (2), Rethel (3), Châtillon (4), Epernay (5), Roucy (6), Fismes (7), Braisne (8), le Comté de Château-Porcien (9), avec les dépendances tenues soit par le comte, soit par des vassaux.

L'archevêque de Liège était vassal de l'archevêque de Reims pour le fief de Buillon (10). Il lui devait le service féodal, et devait exiger que les huit barons détenteurs de ce fief fissent hommage à l'archevêque de Reims.

. Appartenaient encore à l'archevêque de Reims les fiefs tenus par le comte de Rethel, le comte de Grand-Pré, le comte de Soissons, les châteaux de Mouzon (11), d'Attigny (12), de Betheniville (13), de Sept Saulx (14), de Cormicy (15), de Courville (16), de Chaumuzy (17), de Stenay (18) et leurs dépendances.

(1) Vitry (Marne), la Ville ? ou en Perthois.
(2) Vertus (Marne), arrondissement Châlons-sur-Marne.
(3) Rethel (Ardennes).
(4) Châtillon (Ardennes), arrondissement de Vouziers.
(5) Epernay (Marne), chef-lieu d'arrondissement.
(6) Roucy (Aisne), arrondissement de Laon.
(7) Fismes (Marne), arrondissement de Reims.
(8) Braisne (Aisne), arrondissement de Soissons.
(9) Château-Porcien (Ardennes), arrondissement de Rethel.
(10) Buillon, fief (Longnon : Livres des Vassaux).
(11) (Ardennes), arrondissement de Sedan.
(12) (Ardennes), chef-lieu de canton, arrondissement Vouziers.
(13) (Marne), arrondissement Reims, canton Beine.
(14) (Marne), canton de Verzy.
(15) (Marne), canton de Bourgogne.
(16) (Marne), canton de Fismes.
(17) (Marne), canton de Ville en Tardenois.
(18) (Meuse), arrondissement de Montmédy.

Au point de vue spirituel l'archevêque de Reims avait le droit de sacrer les rois de France. Quelque temps après son élection, en 1179, le pape Alexandre III lui confirmait ce droit, que Philippe-Auguste devait, du reste, violer lors de son mariage avec Isabelle de Hainaut.

II

RAPPORTS DE GUILLAUME ET DE LA ROYAUTÉ.

Les archevêques, les évêques demandaient aux rois de confirmer certains actes de leur administration. C'était pour eux le moyen de les rendre plus fermes et plus stables.

Que Louis VII ait confirmé de nombreux actes de l'archevêque de Reims, il n'y a pas lieu d'en douter. Leurs bons rapports, les liens étroits d'alliance qui les attachaient sont garants de ce fait.

En 1178 Louis VII, à la demande de Guillaume, confirma la donation d'une terre sise à Chalmelle (1), faite à l'abbaye de Val-le-Roi par Dreux de Cormicy.

Philippe-Auguste devait agir avec son oncle, comme avait agi Louis VII. Les actes de confirmation sont fort nombreux.

Au moment de la croisade, le roi de France ayant levé sur les provinces de France la dîme saladine, le nouvel impôt avait excité les murmures et les mécontentements. Des réclamations eurent lieu. Philippe-Auguste dût prendre vis-à-vis de certains archevêques l'engagement de ne plus rien exiger à l'avenir pour la croisade. L'archevêque de Reims fit entendre sa voix et le roi de France en 1189 lui promit que la levée des décimes ordonnée pour la conquête de la Terre Sainte ne serait pas renouvelée, étant donné les abus qui en étaient résultés (2).

(1) Chalmelle (Marne), commune de la Forestière.
(2) Varin I. p. 412 Collection Moreau. vol. XCI. fol° 165.

L'archevêque Guillaume avait obtenu du roi la confirmation de la charte de 1182, par laquelle il rétablissait l'échevinage de Reims (1).

Philippe-Auguste confirma encore plusieurs de ses actes. En 1195, à la demande de Guillaume aux Blanches-Mains, il ratifia un échange de l'archevêque et du chapitre (2). En 1201 (3), le roi approuva la donation faite aux lépreux de deux charretées de bois par semaine, d'une rente de cent setiers de froment : la même année, la fondation de l'hôpital Saint-Antoine recevait l'approbation royale (4).

Au point de vue ecclésiastique comme au point de vue politique la conformité de vues existait entre le roi et l'archevêque.

III

GUILLAUME AUX BLANCHES-MAINS ET LA PAPAUTÉ (5).

Les rapports les plus cordiaux régnèrent entre l'archevêque de Reims et la Papauté, jusqu'au temps d'Innocent III, et encore celui-ci ne se montra-t-il rigoureux à l'égard de Guillaume aux Blanches-Mains que durant les années 1200 et 1201.

ALEXANDRE III

Alexandre III continua à l'archevêque de Reims la même faveur qu'à l'archevêque de Sens. En 1179, il le créa cardinal, la même année, confirmant les possessions

(1) Par acte de 1182, après le 18 septembre.
(2) L. Delisle : *Catalogue des actes de Ph. Auguste*, n° 437, Varin I, p. 426. « Guillaume donne au chapitre le moulin des foulons sis au bourg de Vesle en échange d'une vente de dix livres que le chapitre prélevait sur la Villeneuve près Cormicy.
(3) L. Delisle · *Catalogue des actes de Ph. Auguste*, n° 689.
(4) Id. n° 590.
(5) Alexandre III, 1159 1181 ; Lucius III, 1181-1185 ; Urbain III, 1185-1187 ; Grégoire VIII, 1187 ; Clément III, 1187-1191 ; Célestin III, 1191-1198 ; Innocent III, 1198-1216.

de l'archevêque de Reims, il prenait son église sous sa protection (1).

Hormis les lettres annonçant à Guillaume des événements heureux pour l'Eglise. comme celles du 29 juillet 1177 (2. par laquelle Alexandre III charge Guillaume d'apprendre à ses suffragants que l'empereur d'Allemagne est rentré dans le sein de l'Eglise (3) ; hormis les bulles confirmant certains actes administratifs de l'archevêque, presque toutes les autres lettres adressées par le pape chargent le légat de missions.

A cette époque, Alexandre III s'émut des réclamations de nombreuses abbayes cisterciennes. Ces dernières étaient exemptes de payer la dîme pour les terres cultivées par les moines. Certains évêques voulurent exiger la dîme. Aussi bien au cours des années 1178 et 1179 de nombreuses lettres furent-elles adressées à ce sujet à l'archevêque Guillaume au profit des abbayes situées dans sa province ecclésiastique. Par une bulle du 31 mars 1179 (4), Alexandre III signifiait que l'abbaye de Foigny (5) ainsi que tous les autres monastères de l'ordre de Citeaux étaient exempts de payer la dîme pour les terres cultivées par les moines.

Le 6 avril 1179 (6) même recommandation était faite pour les abbayes de Mont-Dieu (7). du Val Saint-Pierre, le 14 avril (8) de la même année et le 17 (9) du même mois, de nouvelles lettres au sujet des dîmes du monastère de Clairmarais (10) étaient adressées à Guillaume.

(1) Varin, *Archives administratives*, t. 1er, p. 381.
(2) Migne. T. CC. col. 1132 : Iaffé, Regesta, n° 12893.
(3) Iaffé, n° 12685. Miroeus, *op. dipl.* III, p. 70.
(4) Iaffé, 13038.
(5) Foigny, abbaye d'hommes, diocèse de Laon.
(6) Iaffé, Reg. 13369.
(7) Mont-Dieu (Ardennes), diocèse de Reims.
(8) Neues arch., t. VII, page 105.
(9) Migne. *Pat. latine* T. CC. col. 1239.
(10) Clairmarais, en Artois. diocèse de Saint-Omer.

Il en fut de même le 24 avril 1180 (1) au sujet de la dîme demandée à l'abbaye d'Orval (2).

Les abbayes cisterciennes n'étaient pas les seules dont, sur la demande d'Alexandre III. Guillaume eut à s'occuper.

En 1178 (3), l'archevêque de Reims avait pris sous sa protection l'abbaye de Thenailles (4) alors inquiétée par l'évêque de Laon.

En 1177, le pape Alexandre III avait chargé l'archevêque de Reims de mettre un terme au différend qui s'était élevé entre l'abbaye de Sainte-Geneviève et le chapitre de Soissons au sujet de l'autel de Marizy donné en 1085 par Hilgot, évêque de cette ville, ancien doyen de l'abbaye. sous condition d'un cens de cinq sous. L'archevêque décida malgré les protestations du chapitre que l'abbaye conserverait « in perpetuum » le droit de présentation (5) à l'église de Marizy Sainte-Geneviève moyennant un cens de dix sous. L'abbaye conserva ce droit jusqu'en 1789.

Une question d'un intérêt général préoccupait Alexandre III. C'était celle des écoles et des études ecclésiastiques. Elles périclitaient. Au concile de Latran on s'occupa de les relever. Guillaume aux Blanches-Mains devait se montrer un partisan déclaré des idées d'Alexandre III sur ce point. Les écoles de Laon et de Tournai qui ressortissaient de l'archevêque de Reims étaient extrêmement mal conduites. les écolâtres n'avaient plus ni bénéfices ni prébendes. aussi les délaissaient-ils sur l'ordre du pape. Guillaume dût pourvoir à relever leur dignité (6) et à leur faire restituer des bénéfices qui leur avaient été retirés.

(1) Goffinet, *Cart. d'Orval*, page 78 ; Iaffé, n° 13649.
(2) Orval, abbaye, diocèse de Trèves.
(3) Iaffé, n° 13034.
(4) Thenailles, ordre des Prémontrés, diocèse de Laon.
(5) Cf. Nusse, *Notice historique sur Marizy Sainte-Geneviève*. pages 6-10.
(6) Migne, T. CC. col. 1256, Mansi, *Concilia*, XXI, p. 1100.

Lucius III.

Des actes de confirmation (1), une seule légation importante, et un voyage à Rome, sur la demande du Pape, tels sont les rapports que Guillaume eut avec le pape Lucius III.

Lucius III confirma en 1184 la charte rétablissant l'échevinage de Reims (2) et la même année il chargea Guillaume aux Blanches-Mains de dissoudre la commune de Châteauneuf.

En 1183 (3) l'archevêque de Reims fut blâmé par le Pape pour avoir levé la sentence d'excommunication qui pesait sur Raoul Ier, comte de Clermont, dont la terre avait été soumise à l'interdit par Philippe Ier, évêque de Beauvais, par suite des torts causés à l'Église de Beauvais par le comte Raoul.

Ce fut à la fin de l'année 1184 que Guillaume aux Blanches-Mains se rendit à Rome sur la demande du Pape (4).

Urbain III.

Un seul acte nous est parvenu, par lequel Urbain III prie Guillaume, archevêque de Reims, de s'opposer à la levée de la dîme sur les terres cultivées par les moines de l'abbaye de Cambron (5).

1) Jaffé, 15305, confirmation d'un règlement ratifié par Guillaume archevêque de Reims, au sujet des mansionnaires de l'abbaye d'Hautvillers (Monceaux : Hre de l'abbaye d'Hautvillers, 1, 400.

Jaffé, 14759, et *Neues Archives*, t. VII, pages 108 et 110 signale quelques bulles sans intérêt.

Collection Grenier, tome 189. Bulle sur les abbayes cisterciennes exemptes de payer la dime (1181-1185).

(2) Varin I, 1re partie, page 405.

(3) Gallia IX, col. 96, instn. — Migne, T. CCI. col. 1173.

(4 Cf. Biographie, chapitre Ier.

(5) De Smet, *Cartulaire de l'abbaye de Cambron*, I, p. 13.

Clément III.

Des désordres ayant éclaté dans l'Eglise de Laon, Guillaume reçut du Pape l'ordre d'excommunier les fauteurs de ces désordres, le 27 juin 1188 (1).

Innocent III.

Nous avons à relater ici les seules relations du Pape et de l'archevêque. Celles du Pape et du ministre de Philippe Auguste ont déjà été exposées (2).

La comtesse de Champagne, Mathilde, ayant perdu son fils Henri, le pape Innocent III chargea l'archevêque de Reims d'une mission quasi diplomatique de concert avec l'évêque de Meaux. Il priait les deux prélats d'offrir ses consolations à la comtesse, de lui mander qu'en cas de difficultés, elle trouverait auprès de lui aide et secours (3).

Le pape Innocent III, dès le début de son pontificat, fit acte d'autorité ; de nombreux faussaires de bulles existaient, les chapitres et abbayes obtenaient parfois des preuves au moyen de ces fausses bulles. Au mois de mai 1198 (4) Innocent III enjoignit à l'archevêque de faire rechercher les faussaires de bulles.

La tension des rapports entre l'archevêque de Reims et le Pape Innocent III ne se fit pas sentir durant les deux premières années de son pontificat. Nous en avons la preuve dans les lettres de 1198 qui nous sont parvenues.

Le 20 mai 1108, Innocent III chargea Guillaume aux

(1) Iaffé, 16299.

(2) Rôle polit. de G. Ch. II, *in fine*.

(3) Pothast, 2ᵉ v., Regesta, n° 25 ; Migne, *Pal. lat.* I, p. 22. Lettre XXXIII, Ep. Innocentii III.

(4) Pothast, n° 202.

Blanches-Mains de recevoir la résignation de l'évêque de Cambrai (1) qui n'était pas à la hauteur de sa mission, et de convoquer le chapitre pour en élire un autre dès le mois suivant, ou d'en désigner un par lui-même (2).

Guillaume aux Blanches-Mains avait demandé au pape Célestin III l'autorisation de créer à Mouzon (3) un évêché, le Pape était mort sans avoir donne de solution à cette demande. En 1198, Innocent III répondit qu'il autorisait l'archevêque à ériger dans cette ville un évêché, mais sans que cette création put nuire à l'abbaye existant en ce lieu (4).

Innocent III engageait Guillaume à s'entendre pour ce faire, avec l'évêque d'Amiens et l'évêque d'Arras. Cette autorisation n'eut pas de suites, les rapports de l'archevêque et du Pape s'étant refroidis.

Jusqu'en l'année 1202, aucune lettre du Pape ne parvint à l'archevêque de Reims. A partir du moment où Guillaume eut fait à Rome le voyage imposé par le Pape, il recouvra son titre de légat qui lui avait été enlevé, car nous trouvons dans l'adresse d'une lettre d'avril 1202. « Willelmo Remensis Archiepiscopo, tituli Sancte Sabine cardinali apostolice sedis legato ». Cette adresse se trouve au début d'une lettre par laquelle Innocent III ordonne à l'archevêque de Reims de faire observer la sentence d'excommunication contre les bourgeois de Saint-Omer qui avaient injustement retenu certains biens appartenant à l'église de Saint-Bertin (5).

(1. Hugues d'Oisy, 1198.

(2 Migne. *Pat. lat.* Ep. Inn III¹, p. 135, 1ʳᵉ année.

3) Mouzon (Ardennes.

(4) *Pat. lat.*, Ep. Innocentii III.

(5) 8 avril 1202. Pothast, nᵒˢ 1659. Au demeurant, dès le mois de janvier 1202, les sentences portées contre les évêques qui n'avaient pas observé l'interdit avaient été levées (lettre de janvier 1202 à l'archevêque de Reims annonçant que Roger évêque de Laon et Lambert de Térouanne ont été absous. Pothast, nᵒ 1600).

IV

GUILLAUME AUX BLANCHES-MAINS ET LE CHAPITRE
DE REIMS.

Comme dans la plupart des diocèses au XIIᵉ siècle, le Chapitre de Reims composé de personnages influents, aidant l'archevêque dans l'administration du diocèse, tendait de plus en plus à s'émanciper de cette tutelle.

Riches déjà avant l'arrivée de Guillaume aux Blanches-Mains, les membres du Chapitre s'enrichirent encore sous son épiscopat. Ils vivaient en commun, ils s'efforcèrent de rompre avec cette habitude. Guillaume aux Blanches-Mains ne devait pas se montrer aussi ferme sur ce point qu'il l'avait été à Chartres, et à Sens. Au vrai, il y eut sous son épiscopat quelque lutte à ce sujet, mais les chanoines finirent par triompher des résistances, l'archevêque lui-même prêta, dans la suite, la main à cette nouvelle coutume.

A. *Temporel du Chapitre.*

Le temporel du Chapitre était distinct de celui de l'archevêque. Toutefois sur certains biens les droits étaient partagés ; de plus, le Chapitre pouvait prétendre sur les revenus de l'archevêque à une certaine somme annuelle (1).

Au moment du sacre de Philippe-Auguste, dont les frais incombaient à l'Archevêque, Guillaume fit appel au Chapitre de Notre-Dame, se trouvant obéré par les grands frais qu'il avait faits. Le Chapitre lui accorda des subsides, mais en 1180 (2) Guillaume déclara pour sauvegarder les intérêts du Chapitre que cette aide lui avait été accordée à titre généreux et non obligatoire. Guillaume

(1) Confirmation par Philippe-Auguete (avril 1202) du droit que le chapitre de Reims avait de prélever soixante livres sur les revenus de l'archevêché, Varin, I, 2ᵉ partie (note).

(2) Marlot, t. III.

sut du reste reconnaître ce bienfait car nombreuses furent
ses donations au Chapitre de Reims, les unes à titre gratuit, les autres en échange de certains droits.

Nous avons dressé une liste de ces diverses donations :

1192 1). Revenus du Val-Royon.
　　　　　Autel et cens de Warmeriville (a)
　　　　　Autel de Ville en Tardenois (b).
　　　　　Moitié de l'autel de Baslon (c).
　　　　　—　　　　—　　　Saint-Loup (d).
1196 (2). Revenus du trésorier à Saint-Etienne sur Suippe (e).
　　　　　Autel de Brabant.
　　　　　　—　　　Germiny.
1198 (3). Autel de Junchery (f).
　　　　　　—　　　Chambrecy (g).
　　　　　Dime de Saint Pierre à Arne (h).
Dates diverses (4). Autel de Silviny (i).
　　　　　　—　　　Villers (j).
　　　　　　—　　　Lort (k).
　　　　　Dime de Juvigny (l).
　　　　　　—　　　Punicourt (m).

(1) Varin, I, 1ᵣₑ partie, page 421. Les donations de 1192 furent faites
en l'échange du droit de nommer le prévôt.

(2) Même acte 154. Autels résignés par Nicolas d'Epernay, Roger le
Jeune entre les mains de l'Archevèque
: B u hapitre fol 41 Reims). Le chanoine Jean Breton
avait résigné ces biens aux mains de l'archevèque

4) Nécrologe de l'église de Reims. Varin I, 2 part., page 410.

a : Varmeriville (Marne), canton de Bourgogne.
b) : Ville en Tardenois (Marne, arrond. de Reims, chef-lieu de canton.
c) : Baslon (**Ardennes**), arrondissement de Mézières, canton d'Omont.
d) : Saint-Loup Ardennes), arrondissement de Rethel, canton de Château-
Porcien.
e) : Saint-Etienne, Suippe Marne), arr. de Reims, canton de Boulogne.
f : Junchery (Marne), canton de Suipvpe.
g : Chambrecy, id. canton de ville en Tardenois.
h : Saint-Pierre à Arne Ardennes', canton Saint-Clément et Saint-Pierre.
i) : Silviny ?
j) : Villers, commune de Verdey Marne).
k) : Lort ?
l) : Juvigny Marne), canton de Chàlons.
m) : Punicourt ?

L'archevêque de Reims avait le contrôle sur les actes faits par le Chapitre au point de vue du temporel. Il donnait sa sanction aux ventes, achats, échanges faits par le trésorier ou le corps du Chapitre. De nombreux actes de ce genre nous ont été conservés par les cartulaires du Chapitre de Notre-Dame de Reims.

Au point de vue judiciaire le Chapitre relevait de la cour de l'archevêque. La connaissance des causes immobilières, portant sur les biens du Chapitre lui appartenait, aussi (1) Guillaume eut ainsi à juger entre des particuliers et le Chapitre plusieurs procès. La médiation de l'archevêque suffisait parfois. En 1182, des difficultés s'étant élevées au sujet de droits contestés au Chapitre par Renaup de Rosay sur la ville de Traillicourt, l'archevêque s'entremit et une transaction aplanit les difficultés (2).

B. *Vie des Chanoines. Affaires spirituelles.*

Guillaume aux Blanches-Mains ne s'occupa point que du temporel du Chapitre. Il eut avec les chanoines d'autres rapports au sujet de leur manière de vivre, de leurs devoirs, de leurs droits.

En 1192, l'archevêque, voulant forcer les chanoines à assister aux offices.décréta dans un acte de donations faites au Chapitre que seuls auraient droit aux revenus des biens donnés les membres du Chapitre qui assisteraient à la messe depuis le début de l'Epître jusqu'à l'*Agnus Dei* et ne s'absenteraient pas du chœur sans motif valable (3).

A Reims, comme ailleurs la question de la résidence des chanoines était vivement agitée.

Dès l'année 1188, Etienne de Tournai, encore abbé de Sainte-Geneviève, écrivait à Raoul de Serres, doyen de l'église Notre-Dame de Reims, de maintenir l'usage de la

(1) Il exempta les chanoines de sa juridiction en 1201.
(2) Varin, 1182, t. 1er, 1re partie.
(3) Varin, t. 1er, page 421.

vie commune parmi les chanoines (1). Cette lettre et une autre du pape Alexandre III (2), écrite en 1181, montrent que depuis quelques années déjà les chanoines essayaient de sortir de l'ancienne règle et de changer leurs habitudes de vie. Tout d'abord l'archevêque Guillaume essaya de les prendre par la crainte de la perte de leurs revenus, mais peu à peu il cessa de réagir.

« Jusqu'à ce jour, écrivait l'abbé de Sainte-Geneviève, « l'Eglise de Reims brillait au premier plan, car elle ob- « servait les règles établies par les Conciles. Faites en sorte « de maintenir parmi les chanoines de Reims les an- « ciennes mœurs. Je connais la facilité de votre arche- « vêque. Sa douceur lui fait tout souffrir. Il ne sera pas « plutôt prié de consentir à ce changement que voyant « cet usage déjà établi dans d'autres églises et que le Pape « n'y met pas d'opposition qu'il y donnera les mains ».

En l'an 1200 le pape Innocent III écrivait de maintenir l'ancien ordre des choses, mais si, comme nous l'avons dit, Guillaume aux Blanches-Mains essaya tout d'abord de réagir, il laissa bientôt les choses aller. En janvier 1201, dans une transaction faite avec le Chapitre au sujet des francs servants, il favorisa l'esprit d'indépendance des chanoines en exemptant ceux-là de sa juridiction, et en permettant à des chanoines non résidants de prendre des francs servants. Par un autre acte il accordait aussi aux chanoines le droit de justice sur tous les biens apparte- nant au Chapitre.

La question des francs servants était une question brû- lante, qui avait fait naître entre le Chapitre et les arche- vêques de nombreuses difficultés. On a discuté le sens que donnait au mot de franc-servant Guillaume aux Blanches-Mains. Quelques-uns ont prétendu qu'un franc servant était un véritable administrateur, mais il semble

(1) Lettres d'Et. de Tournai, éd. Desilve ; Lettre CLXXII. p. 201.
(2) Varin I, 2ᵉ partie, page 436.

plus probable qu'il n'était qu'un serviteur. C'est l'avis de Varin, et les raisons qu'il donne à l'appui de son opinion nous ont paru valables (1).

Les difficultés entre les archevêques et le Chapitre étaient nées, du reste, avant l'élection de Guillaume aux Blanches-Mains. Les chanoines prétendaient que les officiers de l'archevêque de Reims exigeaient des francs servants du Chapitre et des leurs particuliers, d'injustes rétributions. Certains disaient même avoir le droit à plusieurs francs servants.

L'archevêque décida alors que les chanoines auraient droit à un franc servant, pris sur son propre ban, jouissant d'exemptions de toutes sortes (2).

Le franc servant devait en cas de mort du chanoine revenir, si un autre chanoine ne le réclamait, à la condition ordinaire des habitants de la cité dans les quarante jours.

Pour obtenir un franc servant le chanoine devait prêter serment au doyen, à l'archevêque, au corps du Chapitre qu'il présenterait à fin d'examen, l'homme qu'il avait choisi. La décision du Chapitre était irrévocable.

Les chanoines qui ne faisaient pas leurs gros fruits (3) n'avaient pour leur part aucun droit à un franc servant, sauf le cas où ils auraient à gérer et à administrer des biens.

En janvier 1201, l'archevêque accorda aux chanoines de son église le droit de justice sur tous les biens appartenant au Chapitre, se réservant seulement les causes touchant aux prêtres, aux clercs, aux sacrilèges, mariages, et aux procès relatifs aux biens des chanoines sis en la ville de Reims.

Il réservait à la cour de l'archevêque l'appel de toutes

---

(1) Varin, *op. cit.* pages 441 et suiv.

(2) Varin, 1, 2ᵉ partie, page 438. Notes d'après Lassalle : Histoire manuscrite. Bibl de Reims.

(3) Foranei : explication d'après la Joannine. Note Varin, 2ᵉ partie, t. 1ᵉʳ, page 449.

les causes qui seraient jugées en présence d'un délégué du Chapitre. Le droit de sévir contre les prêtres, leurs chapelains, était accordé aux chanoines, et l'archevêque s'interdisait de révoquer les peines justement prononcées. Par cet acte le doyenné de la chrétienté était fondé à Reims (1).

Une autre difficulté entre le Chapitre et l'archevêque de Reims fut encore résolue par Guillaume en faveur du Chapitre. Il s'agissait du droit de faire cesser les offices. Le Chapitre avait-il ce droit? Question controversée que Guillaume trancha en 1197 (2), en reconnaissant formellement que le Chapitre pouvait faire cesser les offices dans les églises paroissiales et conventuelles. Seule l'abbaye de Saint-Rémy, privilégiée, avait obtenu du Pape une bulle la mettant hors de cause. L'archevêque prononçait la sentence s'il était dans la cité.

Le seigneur de Ruminy, Nicolas, ayant injustement détenu quelques possessions de l'église de Reims et ne voulant pas les restituer, le cas se présenta. Guillaume écrivit au Chapitre en lui annonçant que, si la chose lui plaisait, il excommunierait le seigneur de Ruminy, sa femme, ses enfants, et qu'il ferait durer l'excommunication jusqu'à ce que le Chapitre eût obtenu pleine satisfaction (3).

(1) Varin, t. Ier, 2e partie p. 445.

(2) Varin, *Arch. adm.* t. Ier, page 431. « Nos super hoc requisiti, si presentes fuerimus in civitate, sine mora, bona fide, faciemus emendari ad honorem ecclesie et capituli » 1.

(3) *Cartulaire B du Chapitre*, folo 622, r°. Reims.

V

RAPPORTS AVEC LES DIGNITAIRES DU CHAPITRE.

A. *Prévôt.*

Le prévôt de l'église de Reims jouissait, d'après l'Indiculus d'Ebbon, d'une grande autorité pour le spirituel et le temporel. Par suite de l'établissement d'un doyen, il fut déchargé des affaires spirituelles (1). Il garda le seul exercice de ses droits d'administration temporelle.

Mais, très probablement, comme dans maint endroit, les titulaires de cette fonction durent commettre des exactions au détriment du Chapitre de Notre-Dame de Reims. Guillaume prit à Reims les mêmes mesures que celles prises par lui à Chartres et à Sens.

En 1188, Hugues prévôt de l'église de Reims, et neveu de l'archevêque, céda, sur la prière de son oncle au Chapitre de Reims, tous les droits et avantages qui lui appartenaient. Le prévôt de l'église avait la collation de l'office de la panneterie, il dut céder ce droit (2).

Seules, les fonctions honorifiques lui furent conservées, présidence du Chapitre, première place au chœur.

En compensation de cette cession le prévôt reçut l'entière propriété du Val-Royon, hormis les églises et les dîmes nécessaires à l'entretien de l'église de Saint-Nicaise. Le prévôt ne devait recevoir aucune rétribution, quand il se rendait aux appels du Chapitre.

En 1192 Blihart (3), prévôt, étant mort, la trésorerie étant vacante (4), Guillaume, désireux d'avoir le droit de nommer le prévôt, fit sur la prévôté un nouveau règlement.

---

(1) *Bibl. de Reims*, papiers de Lassalle, portef., YY. fol° 29.

(2) Varin, t. 1ᵉʳ, 1ʳᵉ partie, page 411.

(3) Blihart, successeur d'Hugues : *Inventaire de Weyen*. Bib. de Reims.

(4) Varin, t. 1ᵉʳ, p. 420. p. 422.

Il s'entendit avec le Chapitre, lui fit des donations (1),
lui abandonna le Val-Royon. obtint le droit de présenter
le prévôt, attribua à cette charge les revenus appartenant
à la trésorerie (2), Montigny (a), Betheny (b), Villers,
sauf les vignes de cet endroit.

Le Chapitre devait percevoir les revenus de la prévôté pendant la vacance de cette charge et recevoir l'hommage du prévôt nommé par l'archevêque.

En 1192. Guillaume conféra la prévôté à Beaudouin, le
Pape confirma cette nomination (3). Une charte de la
même année par laquelle Beaudouin renonce aux revenus du Val-Royon semble indiquer le véritable motif de
cette renonciation (4). A la mort du dernier prévôt le
Chapitre avait été fort divisé sur le point de savoir si on
donnerait un successeur à Blihart. Pour lever les difficultés l'archevêque dut obtenir du futur prévôt la promesse de céder la terre de Val-Royon.

B. *Doyen.*

La collation du doyenné dut être mise à un moment
donné à la disposition de l'archevêque. C'est au moins
ce qui semble ressortir de la lettre écrite en 1196 à Pierre
le chantre (5) par Guillaume aux Blanches-Mains, pour
le presser d'accepter la fonction que venait de lui conférer le Chapitre.

C. *Trésorier.*

En 1190. Guillaume aux Blanches-Mains confirma une
donation faite au trésorier par Henri de France, son pré-

(1) Rapports avec le Chapitre.
(2) Varin. t. 1er, p 421.
(3) Varin, page 421. Note. *Cartul.* A. *du Chapitre de Reims*, fol 51-52
(4) Id. page 422, acte CCXCIII.
(5) *Lettre à Pierre le Chantre.* Cf. appendice 1er, *in fine.*

a) : Montigny-sur-Vesle. canton de Fismes.
b) : Betheny. canton de Reims.

décesseur. L'archevêque ayant augmenté les redevances dues par le trésorier en cire, lumières nécessaires pour l'éclairage de l'église et la célébration du culte, il avait en échange donné au trésorier les revenus de la Villeneuve près Cormicy et du vivier qui y était situé (1).

Le trésorier de l'église de Reims était tenu de pourvoir à l'éclairage de la maison de l'archevêque. Il devait lui fournir s'il se trouvait à Reims, lors de la fête de la Purification, dix livres de cire, deux seulement en cas d'absence.

Ainsi que nous l'avons dit plus haut les revenus de la trésorerie furent en 1192 modifiés pour devenir ceux du prévôt.

D. Chantre.

Considérant que le chantre de l'Eglise de Reims, Thomas, n'était pas assez rémunéré pour les services qu'il rendait, Guillaume aux Blanches-Mains lui concéda trois muids de blé en 1196 (2).

Déjà en 1191 un muid de vin lui avait été accordé en échange de la cession faite par lui au Chapitre de N.-D. d'une maison qu'il détenait au bourg de la Couture, et dont Guillaume l'avait prié de se dessaisir (3).

E. Ecoles. Ecolâtres.

Sous l'influence des idées d'Alexandre III, des décisions du Concile de Latran (1179), Guillaume s'intéressa d'une façon particulière aux écoles, approuvant les fondateurs d'écoles ecclésiastiques (4) remettant aux mains

---

(1) *Arch. de la Marne* (Reims). *Cartul. blanc du Chapitre*, fol⁰ 24 r⁰

(2) Varin, t. 1ᵉʳ, p. 414, acte CCLXXXIV.

(3) *Cart. B. du Chapitre*, Reims, f⁰ 187 v⁰, *Cat. des actes*, n⁰ 227.

(4) Approbation en 1196 de la fondation d'une école, par Beaudoin IV, et de la donation d'une prébende à l'écolâtre. Bib. Natⁱᵉ Collection Moreau, vol. 97, f⁰ 52.

des églises celles dont la direction leur avait échappé, comme à Gand, par exemple (1).

A Reims, les écoles furent favorisées par Guillaume. Il y attira Foulque « maître d'une très grande doctrine (2) ».

En 1190, il augmenta les revenus de l'écolâtre Garnier en lui donnant deux muids de blé par an, à prendre sur ses propres moulins; en 1192, il lui assigna une stalle au chœur, lui accorda une prébende, au choix du Chapitre, chargé d'élire l'écolâtre. Cinq muids de blé lui furent encore donnés à cette date par l'archevêque (3). La même année Guillaume fit confirmer cette donation par le Roi (4).

VI

INSTITUTIONS CHARITABLES.

Les revenus des lépreux de la ville de Reims n'étaient pas considérables, l'archevêque de Reims qui prenait grand pitié de ceux que déchirait cette horrible maladie, s'efforça d'augmenter leurs ressources.

En 1176, — ce fut un des premiers actes de Guillaume — il accorda des indulgences à ceux qui viendraient aux foires des lépreux (5). Malgré cette faveur, les foires ne devaient être que peu suivies. Les ressources des lépreux furent peu à peu augmentées par Guillaume, qui en 1182 leur accorda (6) une rente de dix livres, huit setiers de froment à prendre dans ses moulins de la chaussée de la Vesle, sans avoir à payer de droits de mouture.

---

1) Miroeus et Foppens, Op. Dipl. t. II, p. 974.

2) Abbé E. Gauly, *Histoire du Collège des Bons Enfants et de l'Université de Reims.*

3) *Gallia Christ.* X. Inst. col. 51.

4) Varin I, 1ʳᵉ partie note 420. *Cart. gén. du Chapitre,* fol. 8, Rº.

5) Marlot, *Histoire de Reims*, page 768.

6) Duchesne, *Histoire des Cardinaux français,* t. II.

Lors de la fondation du bourg de la Couture, Guillaume déplaça les foires des lépreux, qui jusqu'alors s'étaient tenues dans le quartier Saint-Lazare. Par le même acte qui transportait les foires au nouveau bourg, une nouvelle rente de cent setiers de froment était donnée aux lépreux (1).

Enfin la même année, considérant la misère et la pauvreté des malades, l'archevêque octroya aux lépreux le droit de prendre chaque semaine deux charretées de bois, dans les bois de Chaumuzy. Philippe Auguste confirma cette dernière donation (2).

L'année qui précéda sa mort, le cardinal de Champagne fonda à Reims un hôpital pour vingt pauvres. Il accorda pour l'entretien de l'hôpital, qui prit le nom de Saint-Antoine, les treize prébendes que saint Remi avait instituées pour être partagées entre les pauvres, et qui depuis longtemps n'étaient plus mises en distribution, dérobées qu'elles avaient été par d'indignes personnes (3).

Huit muids de froment sur le sesteilage de Reims, soixante-dix muids de vin des vignes de Montbarrois, cinquante-deux charretées de bois à prendre à Chaumuzy, vingt-cinq livres de revenus à percevoir sur les halles de Reims, tels furent les revenus constitués à l'hôpital par Guillaume aux Blanches-Mains. En outre, il établissait un franc servant qui devait veiller à l'administration des biens de l'hôpital, était autorisé à revêtir l'habit ecclésiastique et devait jouir de toutes les prérogatives habituelles des francs servants. Philippe Auguste confirma cette nouvelle fondation.

(1) Octobre 1201. Varin. I. 2ᵉ partie, p. 446.

(2) Varin I. 2ᵉ partie, page 447 ; L. Delisle, *Cat. des actes de Philippe Auguste*.

(3) Marlot, *Histoire de Reims*, III, p. 776.

VII

GUILLAUME AUX BLANCHES-MAINS ET LES BOURGEOIS DE REIMS.

Nous mentionnerons ici simplement la charte de 1182, pour laquelle Guillaume rétablit à Reims l'échevinage (1). En 1187, Guillaume régla entre les habitants de la ville de Reims et Alain de Rosay un différend au sujet des terres situées sur le territoire de Sainte-Geneviève, les bourgeois furent reconnus justiciables de ce seigneur pour ces propriétés (2).

Il est probable que nous avons ici une preuve des conflits de juridiction qui se produisaient entre les bourgeois et les seigneurs depuis le rétablissement de l'échevinage. Les bourgeois préféraient s'en remettre aux décisions de leurs élus plutôt que de s'en rapporter aux jugements de leur seigneur.

Si l'archevêque avait jusqu'à certain point abandonné le droit de justice sur les habitants de Reims, il conservait toutefois le droit d'administration. Ainsi, en 1197, les bourgeois, désirant construire des halles nouvelles, durent demander l'autorisation de faire cette construction. Mais en même temps ils firent, il est vrai, des remontrances à l'archevêque, qui venait de bâtir un nouveau marché (3). Guillaume dut leur promettre qu'il ne ferait plus construire de nouvelles halles et leur abandonna le droit qui lui appartenait.

(1) Guill. et le Régime communal.
(2) Varin I, 1re partie, page 408.
(3) Varin, id., page 433.

VIII

GUILLAUME AUX BLANCHES-MAINS ET LES DIOCÈSES SUFFRAGANTS.

Tous les évêques du XIIe siècle n'ont malheureusement pas laissé une correspondance aussi détaillée qu'Etienne de Tournai, ni des séries d'actes aussi complètes que l'évêque de Paris, Maurice de Sully. Nous ne sommes que très peu renseignés sur certains évêchés, quelques actes épars, assez peu intéressants par là-même, sont parvenus jusqu'à nous. Ils permettraient fort difficilement de se rendre compte de l'action directe du métropolitain sur les suffragants si nous en étions toujours réduits à ces seuls textes.

Toutefois, on peut affirmer qu'au XIIe siècle le pouvoir du métropolitain de Reims était encore fort grand. Il jugeait en appel de nombreuses affaires, accordait des dispenses, tranchait les difficultés, confirmait les actes de ses suffragants, et ceux-ci en grand nombre, ce qui prouve qu'il était encore assez puissant pour que son sceau apposé au bas d'un acte rendît plus solennelle que le simple sceau de l'évêque une charte d'échange ou de donation.

Le métropolitain centralisait dans sa cour et sa chancellerie toutes les affaires, comme à Rome le Pape centralisait celles de la chrétienté tout entière.

a.) *Evéché de Tournai* (1).

Avant d'être promu à la dignité épiscopale Etienne de Tournai avait maintes fois fait appel à Guillaume aux

(1) Les évêques de Tournai furent : Evrard d'Avesnes, 1173-1190 ; Etienne de Tournai, 2 septembre 1191-1209.

Nous n'avons sur les relations de G. et d'Evrard d'Avesnes aucun renseignement.

Blanches-Mains, son ami, pour régler certaines affaires ecclésiastiques. A partir de l'année 1191, il semble que peu d'affaires importantes aient été traitées par lui sans le conseil ou l'assentiment du métropolitain de Reims.

De la lecture des lettres d'Etienne de Tournai il ressort cette impression que Guillaume aux Blanches-Mains était un administrateur sévère, ordonné, aimant à se rendre compte par lui-même des actes de son suffragant.

L'archevêque de Reims jouissait vis-à-vis du suffragant du droit de délégation. Il se fit suppléer plusieurs fois par Etienne de Tournai.

En 1191, malgré les protestations de l'évêque de Tournai, Guillaume le chargea de mettre ordre aux désordres de l'abbaye de Grandmont (1).

Un passage de la lettre d'Etienne de Tournai se plaignant de ce qu'il ait été délégué par Guillaume, marque bien l'ascendant que ce dernier devait avoir sur ses inférieurs ecclésiastiques. « Je partirai, disait Etienne, car « sur votre ordre, je suis prêt à marcher vers la prison « ou vers la mort. »

L'évêque de Tournai faisait-il une tournée pastorale dans son diocèse, il adressait à l'archevêque de Reims une sorte de rapport (2). Ainsi agit-il lorsque, visitant le prieuré de Brecdecne, il le trouva en ruines. Il avait jeté l'interdit sur les moines et le monastère, il en avertissait le métropolitain.

Le désordre dans les abbayes dépendant du diocèse de Tournai était un mal assez général. A Saint-Amand, les moines de l'abbaye s'étaient révoltés contre leur abbé, Arnoul, en 1192. Nouvelle délégation d'Etienne sur l'ordre du métropolitain, pour se rendre compte de la révolte, y remédier (3), et aussi, nouveau rapport de l'Evêque apprenant qu'il a éloigné les fauteurs du désordre, les a pla-

---

(1) Ed. J. Desilve : Lettre CXCIX, page 248.
(2) Lettres d'E. de T. éd. Desilve : n° CCXXI, page 285.
(3) Lettre CCXLI.

cés dans un autre monastère, et leur a défendu d'en sortir sous peine d'excommunication.

Ainsi, se centralisaient à Reims toutes les affaires de la province. De même, les ordres étaient expédiés de cette ville.

Un ordre émanait-il de Rome, aussitôt, par une sorte de lettre circulaire, il était expédié dans les évêchés. Il en fut ainsi, lorsque le Pape ordonna de faire rechercher les faussaires de bulles.

L'évêque faisait alors l'enquête dans son diocèse, il transmettait les résultats au métropolitain, et attendait de nouvelles instructions.

Etienne de Tournai, ayant découvert un faussaire de bulles, en référa aussitôt à Reims (1). « Nous avons promis l'impunité à ce faussaire qui étant prêtre devait être dégradé et enfermé dans un monastère (2), mais autant que cela était en notre pouvoir. »

Le suffragant commettait-il quelque irrégularité, le blâme ne se faisait pas attendre. Etienne de Tournai ayant en 1196 établi, sans l'assentiment de Guillaume, quelques chanoines non résidants, ce dernier s'en plaignit, et l'évêque de Tournai s'en excusa (3).

Certaines dispenses d'âge pouvaient être accordées par l'archevêque. Ainsi, le Chapitre de Tournai, ayant élu comme doyen de l'église, Arnoul, qui n'était pas prêtre, chose interdite par les canons des conciles, Etienne de Tournai demanda à Guillaume d'accorder à Arnoul un délai pour recevoir la prêtrise (4). Guillaume accorda ce délai.

---

(1) Lettre CCLXIII, p. 327 « De mandato vestro falsarios quosdam... induximus. »

(2) *Décret de Gratien*, p. I dist. I. C. VII.

(3) CCXVI, page 268. Ed. Desilve. « Preterea, pater sancte, si in instituendis in ecclesia nostra foraneis forisfeci, quia sine assensu vestro assensum prebui, supplex veniam peto... etc.

(4) Lettres CCXLIX, CCLI.

A côté de ces rapports officiels, des relations amicales existaient entre l'archevêque de Reims et Étienne de Tournai. Ce dernier devait à Guillaume son élection : aussi bien s'empresssa-t-il en 1194 d'accéder à la demande du Cardinal qui le priait de donner une prébende dans son église à un clerc patronné par lui : la prébende était promise, mais la recommandation de Guillaume fit passer outre à la promesse (1).

L'archevêque de Reims avait aussi des droits sur certaines abbayes dans les diocèses suffragants. Dans celui de Tournai, l'abbaye de Lysoing relevait de lui. En 1190, Guillaume la prit sous sa protection, et confirma tous les biens qu'elle possédait (2).

b.) Amiens[a].

En 1180, Thibaut III, évêque d'Amiens, parent de l'archevêque de Reims, ayant donné à l'abbaye de Saint-Martin et aux moines de cette abbaye les revenus des prébendes vacantes dans son église, Guillaume aux Blanches-Mains confirma cette donation (3).

Les clercs de l'église d'Amiens devaient à la fin du XIIe siècle mener une vie relâchée, car en 1190 le métropolitain de Reims leur fit défense de faire le trafic dans les foires, les marchés, d'établir des tavernes dans leurs maisons, s'ils voulaient jouir du privilège de cléricature (4).

c.) Châlons.

Le 9 juin 1196, Guillaume aux Blanches-Mains consacra à Reims Rotrou du Perche, évêque de Châlons.

(1) Lettres CCXXXI, p. 288.
(2) Buzelin, *Galle Flandrie*, p. 966.
(3) *Gallia*, t. X, col. 1177.
(4) Collection Moreau, vol. XCIV, fol. 57.

a : Évêque d'Amiens, Thibaud III, 1169-1204

Les Chapitres des évêchés de la province de Reims relevaient, sauf celui de Laon, directement du métropolitain (1) ; aussi bien les chanoines de la ville de Châlons, n'ayant pas voulu instituer un nouveau chapelain, mis à la tête de l'hôpital, l'archevêque de Reims leur enjoignit de cesser toute hostilité, et d'instituer le nouveau chapelain (2).

d.) Soissons.

Guillaume aux Blanches-Mains avait consacré en 1176 l'évêque de Soissons, Nivelon (3). En l'année 1181 sur la demande de l'archevêque de Reims, Nivelon abandonna aux religieux de Saint-Germain-des-Prés la moitié des rétributions que les fidèles de Nogent-l'Artaud offraient dans l'église de cette ville (4).

Un différend entre le Chapitre de Soissons et la commune de cette ville fut réglé par le métropolitain en 1192. Le Chapitre relevait de l'archevêque de Reims, qui avait tout d'abord délégué, (« pris qu'il était par les dures occupations que nécessitaient la régence du royaume et un pélérinage à Saint-Jacques ») pour juger ce procès au sujet du droit de justice contesté par le maire et la commune au Chapitre de Saint-Pierre-le-Vif (5) les deux abbés de Longpont et de Val Secret. L'affaire jugée par eux fut portée à Rome, elle revint devant Guillaume, lors d'un passage de celui-ci à Soissons. Une solution favorable fut donnée par lui aux chanoines qui furent maintenus dans leurs droits de justice.

Il nous est parvenu quelques actes de l'archevêque de Reims en faveur de l'abbaye Saint-Médard de Soissons.

(1) P. Daire, *Histoire de la ville et du diocèse d'Amiens*, 1757.
(2) *Arch. de la Marne*, G. 1130 (1180-1202).
(3) *Gallia Ch.*, t. IX, page 95. Nivelon de Cherisy.
(4) Dom Bouillard, *Histoire de Saint-Germain-des-Prés*.
(5) Collection Moreau. *Bibl. Nat.*

Cette abbaye relevait directement du métropolitain. Guillaume aux Blanches-Mains lui fit donation des autels d'Iges et de Toug en 1180 (1), régla point par point les droits de l'avoué de l'abbaye, Renaud et de l'abbé sur le village de Donchery (2), et restitua à l'abbaye le droit de gîte et de procuration que les moines de Saint-Médard lui devaient à Damery (3).

e. Senlis.

Le Chapitre de la cathédrale de Senlis prétendait avoir le droit de faire cesser les offices dans tout le diocèse, lorsque les offices étaient interrompus dans la cathédrale, par suite de torts causés à un chanoine ou à un serviteur du Chapitre ; l'évêque Henri contestait ce droit (4). Le différend vint devant la cour de l'archevêque, qui le trancha dans le sens des prétentions du Chapitre, et ordonna à l'évêque, à l'archidiacre, en cas d'absence de l'évêque ou au doyen de la chrétienté à défaut d'archidiacre de prononcer la cessation de la célébration des offices dans les églises paroissiales de Senlis (1189).

Un nouvel abbé ayant été élu à Saint-Vincent de Senlis, l'évêque Geoffroy réclama le privilège de bénir l'abbé. L'abbaye de Saint-Vincent de Senlis était, malgré les exemptions des rois et des papes, soumise, disait-il, à l'évêque de la ville (5). L'affaire fut portée en cour de Rome.

Célestin III nomma deux arbitres, les évêques de Meaux et d'Auxerre, mais sous l'influence de l'archevêque de Reims, un compromis intervint, et l'évêque Geoffroi bé-

---

(1) *Arch. de l'Aisne*, H. 477. fds Saint-Médard. Registre f° 11.

(2) Id. H. 477. Collection Moreau, vol. 92, f° 157.

(3) Collection Moreau, vol. 101, fol. 61

(4) *Gall. Ch.* t. x, page 439. Inst".

(5) En 1189. Robert successeur d'Hugues mort le 15 février 1189. Lettres d'Etienne de Tournai, 1189, n° CXCVII, éd. Desilve.

nit le nouvel abbé, les droits de chacun étant réservés (1).

Certaines prébendes de la cathédrale de Senlis étaient composées de deux demi prébendes, dont chaque moitié était l'une à la collation de l'évêque, l'autre à la collation du Chapitre (2). Des difficultés naissaient de cet ordre de choses Guillaume aux Blanches-Mains décida qu'au décès du chanoine Eudes de Pont, possesseur d'une prébende ainsi composée de deux demies, la moitié qui était à la collation de l'évêque serait mise en distribution pour les matines et offices du jour. L'évêque serait alors déchargé du paiement de cent sous qu'il faisait pour cet objet. Quant à l'autre demi-prébende, elle devait être réservée pour ceux qui avaient obtenu des expectatives de la part de l'évêque.

Ainsi, parvenaient à la cour de l'archevêque mille difficultés journalières qu'il s'appliquait à trancher, soit en offrant sa médiation, soit en prévenant par des sortes d'arrêtés les procès à naître et les conflits qui irritaient les Chapitres et l'évêque d'une ville.

Les Chapitres accordaient aux archevêques, aux évêques, le droit honorifique d'avoir, attachés à leurs personnes, des chanoines jouissant du revenu de leurs prébendes, bien que ne résidant pas. C'était en même temps qu'un honneur un premier pas fait dans la voie de la non-résidence. Guillaume aux Blanches-Mains résigna ce droit que le Chapitre de Senlis avait accordé à l'archevêque Fleuri de France et lui avait renouvelé en 1176 (3).

f. *Laon.*

Nous possédons deux actes de Guillaume relatifs à l'abbaye de Saint-Vincent de Laon. qui constatent et confirment la donation faite par Jean d'Erey de la dîme de

(1) *Gall. Ch.* t. x, col. 1497.
(2) Collection Moreau. *Bibl. Nation.*, vol. XCIV, fol° 105 (année 1192).
(3) Collection Moreau, *Bib. Vat.*, vol. XCIX, folio 130.

Maureguy[a], en 1178, et la même année l'abandon fait par Bliard, chanoine de Reims et son fils de l'église de Maureguy, moyennant une rente annuelle de soixante sous de monnaie de Laon (1).

g.) Cambrai.

En 1179 Guillaume consacra, à Rome, dans l'église de Sainte-Sabine, Roger de Wavrin, évêque élu de Cambrai(2). L'abbaye de Saint-Bertin en 1197 fit confirmer une donation par l'archevêque de Reims; quelques années auparavant. En 1189 Guillaume avait ratifié des conventions passées entre l'abbaye d'Hautmont, le monastère de Saint-Sépulcre de Cambrai et ceux de Saint-Ghislain et de Saint-Vast (3).

h.) Noyon Arras.

Nous ne possédons aucun renseignement sur ces deux diocèses.

i.) Térouanne.

Lambert, évêque de Térouanne avait excommunié Renaud, comte de Boulogne, à propos des dommages causés par lui aux églises. Sur l'ordre de Guillaume aux Blanches-Mains cet interdit fut levé (4).

(1) Archives de l'Aisne : H. 529, dîme de Maureguy et possessions de Fussigny (b) et de Courtricy (c).
(2) Chronique de Balderic.
(3) De Villers, *Cart. de Hainaut*, t. III, p. 174.
(4) *Gallia Christ*, XII, col. 1551.

a) Maureguy (Aisne), canton de Sissonne.
b Fussigny (Aisne) : canton de Fussigny et Courtricy.
c) Courtricy, canton de Sissonne.

IX

RAPPORTS DE GUILLAUME AUX BLANCHES-MAINS
AVEC LES ABBAYES DE SON DIOCÈSE.

1° *Abbaye de Saint-Remy de Reims.*

Les moines de l'abbaye de Saint-Remy de Reims furent les privilégiés de Guillaume aux Blanches-Mains, ainsi que ceux de Saint-Thierry.

Nombreuses sont les chartes de donations qui nous sont parvenues.

L'abbaye de Saint-Remi relevait directement de l'archevêque de Reims (1), et était soumise à sa juridiction.

Dès l'année 1178 l'archevêque avait confirmé à Pierre, abbé de Saint-Remy, les patronages des églises que les archevêques Samson et Henri de France avaient en 1153 et 1167 donnés à l'abbaye (2), à savoir ceux de Crugny, Sacy, Dillers, Alleran, Rilly, Beine, Saulx, Saint-Remi de Juniville, Pauvre Herpy.

Les moines pouvaient présenter deux prêtres par église, les prêtres ne relevaient de l'archevêque que pour les questions spirituelles (3).

La même année (1178), Guillaume avait reconnu que les bourgeois du ban et de la justice de Saint-Remi étaient exempts de sa juridiction. Ils ne pouvaient être pris, ni arrêtés par ses officiers, mais devaient être renvoyés devant les officiers de justice de l'abbaye (4). Au spirituel l'abbaye jouissait d'un privilège fort important, les moines pouvaient en cas de cessation des offices continuer la célébration des leurs. Ce droit qui leur fut reconnu par

(1) Varin. *Arch. adm.*, t. 1ᵉʳ, p 381. (Bulle d'Alex. III).
(2) Fonds de Saint-Remy. Arch. de la Marne (liasse 36).
(3) Bulle de Lucius III, Varin I, p. 395.
(4) T. 1ᵉʳ, papiers de Bidet. Biblioth. de Reims.

deux fois (1) par le pape Lucius III, fut expressément stipulé en leur faveur, en 1197 (2), lorsque l'archevêque de Reims accorda au Chapitre de Notre-Dame de Reims le droit de faire cesser les offices.

En 1182 l'archevêque de Reims prit sous sa protection l'abbaye de Saint-Remi, et confirma toutes ses possessions.

Guillaume aux Blanches-Mains intervint souvent dans les affaires de l'abbaye, pour faire respecter ses droits, et sauvegarder ses biens, ratifier des donations ou approuver des échanges. Le comte de Rethel, Manassés III (3), prétendait à certains droits de pacage, de coupes sur les bois de Saint-Remi, il dut renoncer à ces prétentions en 1196 (4), déjà en 1183 il avait dû reconnaître qu'il n'avait aucun droit sur les bois d'Aoucheron ; Guillaume força Alix de Coucy (5) à payer à l'abbaye le cens recognitif pour le château de Coucy, qu'elle détenait comme fondatrice de l'abbaye, en 1195. Du reste, poussé dans ses décisions par l'esprit de justice, l'archevêque restitua des droits de pêche dans la rivière de Sollepaine, qu'il avait détenus au détriment de l'abbaye jusqu'en 1196 (6).

Des questions litigieuses se présentèrent en 1189, au sujet du ban du châtelain, qui avait été retenu par un moine et cédé par lui au trésorier de l'église de Tours, Rotrou.

L'archevêque fit rentrer cette possession aux mains de l'abbé, et Rotrou, neveu de Guillaume, dut résigner cette propriété et les droits qu'il pouvait avoir sur elle (7). La même année Guillaume intervint dans un

(1) Bulles du 10 mai, du 26 septembre Varin I, p. 398.
(2) *Cartul. A. du Chapitre de N.-D.* (1197) fol. 15, r°, Bidel par erreur donne la date de 1187.
(3) Manassés III, comte de Rethel. 1158-1200.
(4) *Arch. de la Marne.* Châlons. *Inv. des Titres de Saint-Denis*, fonds de Saint-Remi, liasse 231.
(5) *Arch. de la Marne*, liasse 177, fonds Saint-Remi.
(6) Cart. A. de Saint-Remi, folio 245, 446.
(7) Varin I, p. 413.

procès entre l'église d'Orléans et l'abbaye, au sujet d'une
maison, laissée en héritage par Nicoles d'Etampes à l'é-
glise Sainte-Croix et à l'abbaye ; il mit fin à ce procès par
une sentence arbitrale (1) sauvegardant les droits de
chacun.

En 1188, Guillaume avait donné à l'abbaye de Saint-
Remi l'autel de Dieucourt, à la condition que des offices
seraient célébrés pour le repos de défunts dont il donnait
les noms (2).

Philippe-Auguste, à la demande de son oncle, confirma
en 1197 (3) une partie des donations faites par Guillaume
durant les années précédentes et approuva les échanges
faits entre l'abbé Syacon et l'archevêque, échanges par
lesquels l'abbaye, en accordant certaines terres, se voyait
dispensée de payer à l'archevêque les redevances en vin,
bière, froment, qu'elle lui devait chaque année aux deux
fêtes de Saint-Remi.

2° Abbaye de Saint-Nicaise.

L'abbaye de Saint-Nicaise se trouvait placée vis-à-vis
de l'archevêque de Reims dans les mêmes conditions que
l'abbaye de Saint-Rémi.

En 1178, Guillaume renouvela le marché passé avec
l'abbaye par son prédécesseur Henri de France, au sujet
de quatre moulins concédés par l'abbaye moyennant huit
muids de froment et d'une maison sise à Saint-Pierre
sur Avre (a), que l'archevêque donna au chanoine Nicolas
de Bourg (4).

L'archevêque jouissait vis-à-vis de l'abbaye du rôle d'un

---

(1) *Arch. de la Marne :* fonds Saint-Remi, liasse 26.
(2) **Varin**, t. Ier, p. 409.
(3) Varin *Arch. adm.*, t. Ier, p. 430.
(4) *Cart. de Saint-Nicaise* (Reims) folo. 37 rº ; Confon par Philippe-Auguste 13 av. 31 octobre 1186. L. Delisle. Cat. des actes.

a) Avre, *affluent de la Vesle.*

véritable notaire ; entre ses mains, en sa présence s'opéraient la vente, le dévestissement, et il faisait la tradition de la terre vendue en investissant l'abbé. Ainsi en 1182, Héribert, abbé, fut investi du huitième des dîmes de Cormicy vendues par Hahuilde de Bairy (1). La même année Guy, fils de Gilon de Rethel, cédait à l'archevêque ses biens sis à Couricy, à Châlons-sur-Pesle, à Chesnay, pour qu'il en investit l'abbé Héribert au nom de Saint-Thierry(2).

En 1184, Guillaume fit donation à l'abbaye de tous les pâturages qu'il avait acquis dequis la mort d'Henri de France (3), confirma les donations faites par Symon de Neufville (4) de ses biens sis à Amieville et les acquisitions faites par l'abbaye. Il donna encore en 1199 (5), à Foulques, abbé de Saint-Thierry, la dîme de Bermericourt qu'un chanoine de Laon avait résignée entre ses mains.

Comme à l'abbaye de Saint-Remi, le droit de prendre un franc servant fut accordé à l'abbaye de Saint-Nicaise en 1196, et deux autels, ceux d'Avaux et de Vieux, lui furent concédés en 1199 (6).

L'abbaye de Saint-Nicaise n'étant pas assez riche pour l'entretien d'un grand nombre de moines, l'abbé Drogon fixa à cinquante le nombre de ceux qui pouvaient y résider et l'archevêque de Reims confirma deux ans avant sa mort ce règlement de l'abbé (7).

3° *Abbaye de Saint-Denys.*

Nous ne connaissons que deux actes de Guillaume aux Blanches-Mains se rapportant à l'abbaye de Saint-Denys, tous deux de l'année 1197. Par le premier les moines de

(1) *Arch. de la Marne*, fds Saint-Thierry, liasse 25.
(2) id. Liasse 27.
(3 id. Liasse 7.
(4) Id., liasse 7.
5) Cartul. de 1300, fol° 150 v°. Bibl. de Reims.
(6) *Cart. Saint-Nicaise* : folio 37, v° (Reims).
(7) **Marlot**, t. III.

Saint-Denys reçoivent de l'archevêque l'autorisation de
prendre un franc servant jouissant des prérogatives habituelles et prennent comme tel Renaud d'Orient, cham-
brier de l'archevêque (1). Par le second, Guillaume accorde à l'abbaye un revenu de soixante-sept sous de rente
annuelle, en compensation de la dîme perçue par l'abbaye sur les halles de Reims qui venaient d'être transfé-
rées (2).

4° Abbaye de Saint-Thierry.

Comme l'abbaye de Saint-Remi, l'abbaye de Saint-
Thierry fut favorisée par l'archevêque de Reims qui
dans le préambule d'une donation l'appelle « specialem
filiam nostram » (3).

L'intervention de l'archevêque dans les actes de la vie
temporelle de l'abbaye est fréquente. Ce fut sous l'épiscopat de Guillaume aux Blanches-Mains que l'abbaye
s'enrichit de la terre de Trigny, par un échange confirmé
par l'archevêque en 1178 (4), entre l'abbé et Girard de
Neufchâtel qui abandonna ses droits sur cette terre,
moyennant vingt-quatre livres et par un achat fait en
1182 et encore approuvé, des parties de cette terre appartenant à Jean de Porcien et à Richer de Saint-Etienne (5).

5° Signy.

En 1191, Guillaume accorda à l'abbaye de Signy le
droit de faire librement toutes transactions dans la ville
de Reims, sur tout le territoire qu'il possédait ainsi que
sur celui de l'église. Il confirmait une acquisition faite
par l'abbaye dans la ville au lieu dit Merochel.

(1) Varin, t. Iᵉʳ, p. 433 (1ᵉʳ mars).
(2) Varin, id.
(3) *Gallia,* t. IX, col. 190.
(4) *Arch. de la Marne :* fonds de Saint-Thierry (Châlons), liasse 42.
(5) Id., liasse 42.

6° *Notre-Dame d'Igny* (1).

Nous avons recueilli sur les rapports de l'archevêque de Reims et de l'abbaye de Notre-Dame d'Igny un nombre d'actes assez considérables (2). M. Péchenard ne les mentionne pas tous et il nous semble inutile d'y insister autrement, étant donné que la plupart ne sont que des confirmations, des attestations plus intéressantes pour l'histoire de Guillaume aux Blanches-Mains.

Ils marquent simplement la dépendance de l'abbaye d'Igny vis-à-vis de l'archevêque de Reims.

Toutefois il est curieux de constater l'affection spéciale de Guillaume pour l'abbé de Notre-Dame d'Igny, Pierre Monoculus. Jamais ils ne se rencontraient sans que l'archevêque ne descendît de cheval. n'allât au devant de lui, ne s'assît à ses côtés pour jouir plus à l'aise de sa conversation (3).

Le droit de juridiction sur l'abbaye appartenait à l'archevêque qui accommoda notamment un différend entre le Chapitre de Notre-Dame de Reims et l'abbaye au sujet de la terre de Montigny où le Chapitre avait des possessions ainsi que l'abbaye. Tous deux cherchaient à s'agrandir. De leur rivalité d'intérêts naquirent des froissements et l'archevêque décida que l'abbaye ne pourrait plus rien acheter ni recevoir en ce lieu.

7° *Hautvillers*.

L'auteur de l'histoire de l'abbaye d'Hautvillers mentionne un seul acte de Guillaume aux Blanches-Mains en faveur de cette abbaye. C'est la confirmation en 1190 d'une charte d'Henri Iᵉʳ. archevêque de Reims, accordant

---

(1) Péchenard, *Histoire de l'abbaye d'Igny*.
(2) Cartulaire d'Igny. *Bibl. Nat.*, mss latin, n° 9904.
(3) Péchenard, *Histoire de l'abbaye d'Igny*, p. 156.

à l'abbaye le droit de prendre sur le sesterlage de Reims, dans les greniers de l'archevêque deux boisseaux de blé, cinq d'avoine, trois de seigle, en échange des moulins et du droit de pêche que l'abbaye possédait à mont Saint-Rémy (1).

8° *Abbaye d'Avenay* (2).

Le 18 mai 1186, sous l'abbatiat d'Hélisende, Guillaume aux Blanches-Mains fit la dédicace solennelle de l'abbaye d'Avenay. Jusqu'en l'année 1189, il n'est plus fait mention de l'archevêque dans les chartes de cette abbaye.

A cette date (3) Helwige fut citée à comparaître devant la cour de l'archevêque pour réparer les torts que son feu mari, Gaulcher de Chatillon avait eus vis-à-vis de l'abbaye en construisant à Suippes une forteresse sans le consentement de l'abbesse. Une transaction intervint, et Helwige fit don à l'abbaye, en présence de l'archevêque, d'une rente annuelle de vingt sous à Suippes, où Gaulcher avait établi ses constructions.

Elle renonçait à y établir fours et moulins.

En 1197, l'abbesse Hélisende étant morte, Guillaume mit à la tête de l'abbaye d'Avenay, Wilhelmine, fille de Roger, comte de Joigny, sire de Joinville (4), tante de Geoffroy de Joinville. Elle était alors à l'abbaye de Jouarre.

L'archevêque dut subir de la part du jeune comte Thibaut les plus vives protestations. Il exerçait sur l'abbaye le droit de régale, et malgré les liens de parenté qui l'u-nissaient à Guillaume aux Blanches-Mains celui-ci fut

(1) Manceaux : *Histoire de l'abbaye d'Hautvillers.*

(2) Louis Paris, *Histoire de l'abbaye d'Avenay*, 1879. Abbaye de femmes, ordre de Saint-Benoist, dans la vallée d'Aure, au diocèse de Reims fondée vers 660.

(3) L. Paris, *op. cit.*, t. II, p. 88.

(4) Id. t. II, p. 87. Liber principum... Arch. nat. M. L. Delaborde, dans le *Catalogue des actes des sires de Joinville*, data cette lettre d'avant 1204. C'est en 1197 qu'elle fut écrite.

obligé de s'excuser en ces termes : « Nous savons et nous
« attestons que l'Eglise d'Avenay quand elle n'a pas d'ab-
« besse doit prendre l'autorisation du comte de Troyes...
« et qu'elle n'est pas tenue pour cette élection de prendre
« licence de l'archevêque de Reims. Si donc nous avons
« fait abbesse la tante de notre fidèle Geoffroy de Join-
« ville, nous l'avons fait par nécessité et dans l'intérêt des
« églises de Jouarre et d'Avenay. Pour notre honneur,
« et pour l'amour de l'Eglise, nous vous prions de vou-
« loir bien nous remettre notre offense ».

L'abbaye d'Avenay jouissait alors d'une grande réputation, car le nombre des postulantes augmentait chaque
année. Les revenus de l'abbaye étant insuffisants, au
mois d'août 1201 Guillaume aux Blanches-Mains interdit
de recevoir plus de quarante religieuses (1).

(1) Louis Paris, t. II, p. 94, *op. cit.*

APPENDICES

I

Hommes célèbres du XIIe siècle

ayant vécu dans l'entourage de Guillaume aux Blanches-Mains.
Ses relations littéraires.

Il ne nous est parvenu sur la science et sur l'éloquence
de Guillaume aux Blanches-Mains que des témoignages.
Si lui-même a composé quelques travaux, ses œuvres sont
aujourd'hui perdues. On lui attribue toutefois un traité
destiné à réfuter sur l'humanité du Christ l'erreur de
Pierre Lombard, qu'il avait été chargé de condamner.

Guillaume aux Blanches-Mains devait connaître à fond
le droit canon, quelques consultations de lui nous sont
parvenues (1).

M. l'abbé Clerval (2) a relevé quelques-uns des principaux passages des lettres de ses contemporains suscep-
tibles de nous renseigner : les uns vantent sa connaissance
du droit canon, du droit civil, d'autres son savoir philosophique. Guillaume aux Blanches-Mains devait jouir
d'une réputation établie (3), on savait que l'archevêque
de Reims s'intéressait aux lettres et aux études (4). Dans

(1) Buzelin, *Galle Flandrie*, p. 367, d'Achery, *Spicilège* ; t. ii, p. 883.
(2) *Les Écoles de Chartres* du Ve-XVIe siècle, page 374.
(3) Lettre d'Alexandre III de 1179, préambule, Varin, Arch. adm.,
t. i^{er}, p. 381.
(4) Etienne de Tournai, lettres éd. Desilve, 1176, lettre XXIV, lettre
XXVI (1167-1176).

certains cas on s'adressait à lui pour obtenir qu'il voulût bien s'occuper de clercs vaquant à leurs études. Entre les années 1177-1191, on trouve une lettre d'Etienne de Tournai lui recommandant un professeur du nom de Simon (1), et dans laquelle l'abbé de Sainte-Geneviève fait de son ami le cardinal de Champagne un grand éloge : « Votre illustre clémence est accoutumée à appeler, à aimer, à faire valoir de tels hommes, dit-il en parlant de Simon ; de l'Orient à l'Occident votre réputation est telle car on voit dans votre cour les hommes de valeur comblés de richesses, honorés de dignités, soit qu'ils viennent de l'Italie, de l'Angleterre ou de la Gaule. » Pour si pompeux que soit cette éloge, il faut croire qu'il contenait une grande part de vérité.

Un autre correspondant de Guillaume aux Blanches-Mains, Philippe de Harweng (2), abbé de Bonne Espérance, opposait en 1176 sa jeunesse à sa vieillesse, ses hautes dignités à son humble position, louait sa science, ses qualités, l'exhortait à continuer. La même année, un ami de Henri, comte de Troyes, Nicolas de Montie-ramey (3) se félicitait d'avoir été admis dans l'intimité du prélat.

A coup sûr, Guillaume fut à son époque un protecteur des lettres. Lié avec Jean de Salisbury, il dut contribuer à son élection à l'évêché de Chartres, lié avec Pierre de Blois, Etienne de Tournai et bien d'autres, il s'entourait de savants, de lettrés, les favorisait. C'est ainsi que vivait près de lui Bertier, archidiacre de Cambrai, l'auteur du « Planctus super itinere versus Jerusalem (4) ».

L'intimité de ce dernier et de l'archevêque était assez

---

(1) Id., lettre LXXV. Simon de Poissy, d'après l'éditeur.

(2) Nanters, page 167 Migne CCIII, col. 168. (Domini Philippi opera omnia.

(3) D'Arbois de Jubainville, *Histoire des comtes de Champagne*, III, 192 et s. — *Histoire littéraire de la France*. t. xiii, 553 568.

(4) *Histoire littéraire*, t. xv. p. 337.

grande pour qu'Etienne de Tournai sollicitât parfois Guillaume par l'entremise de ce dernier (1).

Bien que momentanément desservi près de lui, Pierre de Blois connut aussi les faveurs de Guillaume (2).

A son retour de Sicile, en 1169, Pierre de Blois avait repris ses fonctions de maître ès arts libéraux. Lui-même nous apprend (3) que Guillaume aux Blanches-Mains voulut le tirer de la « milice enseignante » pour lui donner un bénéfice mais que par suite des méfaits d'un faux ami il en fut privé.

Il se crut même oublié de Guillaume, aussi bien lui écrivit-il pour lui rappeler ses promesses. Bien qu'ayant reçu plusieurs propositions, le canonicat qui lui avait été promis dans l'église de Chartres le tentait davantage, vu la douceur de l'air du pays natal (4).

« J'attendais que vous me fissiez la faveur que vous m'a-
« viez annoncée par Gérard la Pucelle et j'étais dans une
« grande tristesse... Plusieurs grands ont tenté de m'at-
« tirer à eux par leurs offres, mais votre promesse, la dou-
« ceur de l'air natal m'ont attiré plus fortement. Je suis
« toujours séduit par l'espoir de cette prébende à Chartres
« que vous m'avez promise. »

Il annonçait sa prochaine arrivée. Entre temps le chanoine G. avait travaillé contre lui. Irrité, Pierre lui adressa une lettre ironique et indignée. « Vous m'avez extorqué
« deux prébendes et une prévôté, que Dieu vous par-
donne. »

(1) Et. de Tournai : Lettres CXXXVIII, p. 161. CCXLVI, page 305, ed. J. Desilve.

(2) *Histoire littéraire*, XV, p. 343.

(3) Migne. *Pierre de Blois*, lettre LXXII. « Cum dominus Senonensis me vocasset a scholari militia et sub certa expectione tempestivi beneficii suæ familiæ ascripsisset frequenti suggestione sua propositura revocavit et sicut puplice factitasti, me illuso in spem meam alium introduxit. »

(4) Migne, id. lettre CXXVIII et LXXII.

L'auteur de l'*Alexandreide*, Gautier de Châtillon (1), était secrétaire de l'archevêque de Reims. En 1176, à la mort de Henri de France, il conserva auprès de Guillaume cette situation. Pour remercier le prélat de cette faveur, il lui dédia son poème, composant les dix premiers vers de façon à former l'acrostiche du nom de Guillaume et commençant ensuite une invocation en l'honneur de son maître, il assure que la ville de Sens n'a pas moins été honorée par son pontificat qu'elle ne l'avait été jadis lorsque les Senonais partant attaquer Rome pensèrent s'en emparer si l'oiseau au plumage d'argent ne les en avait empêchés. Il n'oublie aucune des circonstances propres à flatter Guillaume, lui rappelle qu'il descend par sa mère de Guillaume-le-Conquérant (2).

Pierre Lomestor dédia également à Guillaume son « Historia Scolastica ». L'archevêque de Reims était sans doute fort lié avec lui, car en 1175 Alexandre III le chargea de concert avec Guillaume de Pavie de s'entendre au sujet de l'autorisation donnée par lui à Pierre Lomestor de percevoir un léger droit pour conférer la licence d'enseigner (3).

Quant à la correspondance d'Etienne de Tournai, elle nous est une preuve abondante de l'amitié qui unissait l'abbé de Sainte-Geneviève et l'oncle de Philippe-Auguste.

Il faut toutefois reconnaître que l'archevêque de Reims ne prodigua pas ses faveurs au célèbre Pierre Le Chantre.

----

(1) *Histoire littéraire de la France,* t. XV, p. 100.

(2) At tu, cui major genuisse Britannia reges
Gaudet avos, Senonum quo presule non minor urbi,
Nupsit honor, quam cum Romam Senonensibus armis.
Fregit, adepturus tarpeiam Brennius arcem.
Si non laliret vigiles argenteus anser.
Quo tandem regimen cathedræ Remensi adepto.
Duritiae nomen amisit bellica tellus....

. . . .

(3) *Histoire littéraire* XIV, page 12. Lettre du Pape Alexandre III à Guillaume de Pavie, cardinal de Saint-Chrysogone.

Elu évêque de Tournai en 1190, il cassa cette élection pour vice de forme ; sur le point d'être élu en 1196 évêque de Paris, Pierre Le Chantre se vit encore évincé par le parent de l'archevêque de Reims, Eudes de Sully. Il est vrai qu'une mince compensation l'attendait, car il fut élu doyen de l'église de Reims.

Si la lettre que Guillaume lui écrivit pour le presser de venir prendre possession de cette nouvelle dignité est sincère il ne faut voir dans ses rapports avec Pierre Le Chantre qu'un concours malheureux des circonstances, car les termes de cette lettre sont des plus chaleureux :

« Nous rendons grâce à Dieu et à l'église de Reims de ce que par l'inspiration divine cette église vous a choisi comme doyen. Nous vous félicitons de la docilité avec laquelle vous avez accepté la charge qu'on vous offrait sans porter un regard indigne sur un bénéfice plus opulent qu'un esprit d'avarice aurait pu vous faire envisager. Nous agréons, nous ratifions le choix que nous aurions prévenu si vous l'aviez voulu lorsque le Chapitre, mettant le doyenné à notre disposition nous vous invitâmes une autre fois à l'accepter. Mais alors, guidé par des vues plus élevées, aspirant au but que vous avez si heureusement atteint vous étiez déterminé à répandre dans un lieu plus célèbre et dans une école plus fréquentée les lumières que vous avez reçues de Dieu...... »

« Venez... C'est notre intention de mettre à profit vos « conseils lors même qu'ils contrarieraient nos vues, soit « dans nos affaires particulières, soit dans celles d'un in- « térêt général, voulant partager avec vous le fardeau de « la sollicitude pastorale ».

Il termine en l'engageant à entrer dans les ordres, et à se rendre à Reims le plus rapidement possible.

Cette lettre et cette compensation ne parurent point suffisantes à Pierre Le Chantre qui, malgré tout, ne se rendit point à l'appel de celui qui avait fait échouer ses espérances.

Guillaume aux Blanches-Mains a ce trait de commun avec bien des prélats de son temps et des époques postérieures, que, placé dans les sphères élevées, il sut grouper autour de lui les hommes de valeur, et les récompenser. A la Renaissance, il eut sans doute été un des premiers à agir comme le firent les princes de cette époque et à encourager les arts et les lettres.

II

NOMS DE QUELQUES OFFICIERS DE L'ARCHEVÊQUE DE REIMS.

L'archevêque de Reims, étant duc et pair, avait un sénéchal. La sénéchalerie fut héréditaire dans la maison des seigneurs de Thuisy. Guillaume de Thuisy est nommé sénéchal dans la charte de l'acquisition des dîmes de Taissi faite en 1199 par l'abbé de Saint-Remy (1).

Les noms du bouteiller, du pannetier ne nous sont pas parvenus. Nous savons seulement que Guillaume aux Blanches-Mains avait ces deux officiers dans sa maison (2).

On trouve mentionné comme vidame de l'archevêque un de ses parents, Boniface, dans un acte de 1198 par lequel Guillaume lui donne une maison claustrale à Reims (3).

Les noms de deux chambriers nous sont parvenus :

L'un Ernaud d'Orient fut pris sur la demande de l'archevêque comme franc servant par l'abbaye de Saint-Denys en 1197. Il avait dû être précédé dans l'exercice de cette charge par Renaud de Breteuil (4).

Le chapelain de l'archevêque, Jean (5), avait droit à une

(1) **Marlot**, liv. X, t. III, p. 164.
(2) Varin, I, p. 414.
(3) *Arch. de la Marne. Cart. B du Chapitre*, folio 352, R°.
(4) L. Delisle, *Cat. des actes de Philippe-Auguste*, n° 45, acte de 1182.
(5) Varin, I, p. 497.

rente de cent sous. Un autre serviteur, Geoffroi Challioth (1), est mentionné dans un acte de 1193, par lequel Lambert, prieur de Beaulieu, fait savoir que, sur la demande de l'archevêque de Reims, il lui a fait une donation.

III

Monnaies de Guillaume aux Blanches-Mains.

Guillaume aux Blanches-Mains a frappé des monnaies comme archevêque de Reims. Il nous est parvenu des oboles et des deniers, on en trouvera la description dans l'ouvrage de Poey d'Avant. *Monnaies féodales de France*, tome III, page 270, planche CXLI, nᵒˢ 1 et 2.

Il est inutile d'insister, pensons-nous, sur l'erreur de Duchesne, qui parle de médailles laissées par Guillaume aux Blanches-Mains, à la fin de l'article qu'il lui consacre dans son *Histoire des Cardinaux français*.

IV

Notes sur les Actes de Guillaume aux Blanches-Mains.

Bien que nous n'ayons rencontré qu'un nombre d'actes originaux assez restreint dans les dépôts d'Eure-et-Loir, de l'Yonne, de la Marne, et que nous ayons eu plutôt à employer des actes conservés dans des cartulaires ou bien des copies des derniers siècles, il nous a paru intéressant de formuler les quelques observations suivantes :

Iᵉ Suscription.

De l'année 1165 jusqu'au 22 décembre 1168 la suscription porte les mots : « Willelmus, Dei gratia, electus Carnotensis episcopus. »

(1) *Cartul. du Paraclet*, abbé Lalore, p. 97.

Depuis le 22 décembre 1168 : « Willelmus, Dei gratia, Senonensis archiepiscopus. »

Dès 1169, les mots : « Apostolice sedis legatus » suivent le titre d'archevêque.

Depuis 1176, (8 août) Senonensis est remplacé par Remensis, « Remorum » est assez rarement employé.

Depuis 1179, la suscription se complique du titre de Cardinal. on lit alors :

Willelmus (Guillelmus, Willermus) « Dei gratia Remensis (ou Remorum archiepiscopus) sancte Romane ecclesie tituli Sancte Sabine cardinalis, apostolice sedis legatus. »

Le titre de légat n'est pas toujours mentionné (1).

La première ligne de l'acte est en général écrite comme le reste de la charte, sauf dans certains actes très solennels : le W. est ouvré. la première ligne en caractères hauts et grêles (2).

2° Adresse, notification.

L'adresse est des plus variables, ainsi que la formule de notification. L'adresse se termine par un salut, « in Domino salutem », ou par les mots « in perpetuum ».

Voici le tableau des principales formes :

Dilecto filio N. ou le pluriel (3).

« Notum facimus tam presentibus quam futuris (4) ».

« Noverit universitas (5)... »

« Notum facio (6)... » Dans ce cas le mot Willelmus est précédé de Ego.

« Omnibus ad quos littere iste (7)... »

(1) Varin. p. 367, t. 1er, acte CCLIX.
(2) *Arch. de l'Yonne.* H. 785 (1174).
(3) Id. H. 600.
(4) Varin, t. 1er, CCLXXXI, p. 413.
(5) Varin, op. cit., t. 1er, p. 414. *Arch. de l'Yonne.* H. 1405.
(6) *Arch. de l'Yonne.* H. 658.
(7) Id. H, 608.

« Omnibus tam presentibus quam futuris (1).,. »
« Omnibus sancte matris ecclesie filiis (2)... »
« Noverint universi (3)... »

La mention in perpetuum est habituelle, mais on ne la rencontre pas dans tous les actes.

3° *Préambule.*

Le préambule est tiré des considérations générales accoutumées, le devoir des évêques, le soin qu'ils doivent apporter à l'accomplissement de leurs fonctions, les considérations sur les services rendus par telle ou telle personne, abbaye, la dévotion de tel ou tel, sont le fondement des idées renfermées dans le préambule.

4° *Clauses finales.*

Annonce du sceau. Le sceau est presque toujours annoncé, quelquefois l'annonce du sceau est précédée de la mention que l'évêque a fait écrire l'acte :

Voici les principales formes :

« .... Tam presentis scripti patrocinio quam sigilli nostri auctoritate confirmamus.... » (4)

« ... In hujus testimonium presentem paginam scribi et sigilli nostri munimen precepimus apponi.... » (5)

« Quod ut ratum et inconcussum permaneat presentis scripti attestatione et sigilli nostri auctoritate permaneat (6).

« ... Sigilli nostri impressione confirmamus (7). »

---

(1) Id. H. 441, H. 1202, Varin, *op. cit.*, t. 1ᵉʳ, p. 416.

(2) Baluze : vol. 78, folio 7.

(3) Varin, *op. cit.*, t. 1ᵉʳ, p. 407-408.

(4) Varin, *op. cit.* t. 1ᵉʳ, p. 416, acte 287.

(5) *Arch. Eure-et-Loir*, G. 2977.

(6) Id. G. 3381. Cart. Josaphat, mss. 10109, B. Nⁱᵉ, f° 104. *Arch. de l'Yonne.* H. 608.

(7) Varin, *op. cit.* t. 1ᵉʳ, p. 419, 422. Baluze, vol. 78, fol° 7

« ... Ut igitur hec omnia rata permaneant sigilli nostri impressione fecimus corroborari (1). »

Des clauses pénales accompagnent l'annonce du sceau, menaces d'anathème ou d'excommunication contre ceux qui tenteraient de violer les dispositions de l'acte.

La clause de garantie, « Salva in omnibus auctoritate episcopali, ou Salva in omnibus sedis apostolice auctoritate » est très fréquente.

5° Date.

Le système de datation des actes de Guillaume Blanches-Mains est des plus simples.

1° Date de temps. On trouve rarement la date de mois. Nous en avons seulement relevé cinq ou six exemples.

Un très grand nombre d'actes ne portent aucune date.

La date de la consécration de Guillaume n'intervient qu'une seule fois (2).

Depuis l'époque où se rencontrent les noms des chanceliers on trouve très peu d'actes non datés.

La date est ainsi formulée :

Actum ou datum anno Incarnationis dominice (3), ab Incarnatione Domini, anno Verbi Incarnati (4).

2° Date de lieu. La date de lieu n'est pas fréquente. On la rencontre surtout dans les actes donnés à Sens, à Chartres. Nous ne l'avons pas trouvée à Reims.

On la rencontre la plupart du temps dans les actes donnés en dehors du diocèse de l'archevèque. Ainsi après 1168 on trouve dans les actes donnés pour des abbayes du diocèse de Chartres les deux formes.

Actum publice Carnotis.

Actum Carnoti in palatio pontificali.

---

(1) Arch. d'Eure-et-Loir.
(2) H. 608. Arch. de l'Yonne.
(3) Varin, op. cit., t. Iᵉʳ, pages 408, 413, 415, 417.
(4) Id., p. 422, 423. Arch. de l'Yonne, H. 152, H. 153.

Datum Anagnie,
Facta apud Antissiodorum in domo episcopi,
Datum apud Brienonem,
Datum apud Sanctum Satyrum.
Datum apud Albam-Marlam, in exercitu.

6° *Chanceliers.*

Nous n'avons rencontré dans les archives de l'Eure-et-Loir, dans celles de l'Yonne, aucun acte portant la mention d'un chancelier. Dans les actes donnés comme archevêque de Reims cette mention du chancelier est presque de règle absolue. Toutefois Varin publie sous le n° 253, t. Ier, un acte de 1178 où cette mention n'existe pas.

A partir de l'année 1179 les actes furent donnés par :

Lambin (per manum Lambini, cancellarii nostri), jusqu'à l'année 1190 (1), et par Alexandre, chancelier (2).

En 1191, 1192, 1193, on trouve les mots : Vacante cancellaria (3).

Mathieu, chancelier de l'archevêque, apparaît dans les actes depuis 1194 (4).

Il suivait Guillaume dans ses voyages au loin, car en 1201 les actes donnés à Rome sont contresignés par lui (5).

7° *Souscripteurs.*

Nous avons rencontré à Sens, à Auxerre, à Chartres des listes de souscripteurs au bas des actes. Ce sont en général ou les intéressés ou les dignitaires du Chapitre.

« Astantibus nobis personis et canonicis Senonensis ecclesie, prefato scilicet Hugone archidiacono, Hildwino

(1) Varin, *op. cit.* t. Ier, pages 390, 395, 403, 409, 411, 412, 413, 415, 417.
(2) *Arch. de la Marne* (Châlons, G. 526, 17.489.
(3) Varin, *op. cit.* t. Ier, p. 419, 422.
(4) Varin, *op. cit.* t. Ier.
(5) Varin, *op. cit.* t. Ier, 2e partie, p. 444, 446.

thesaurario, Gaufrido precentore, Guidone Vastinenci archidiacono, Hugone Stampensi archidiacono, Martino Cantore, Rogero et Jaquino presbyteris et canonicis (1) ».

Ces listes disparaissent dans les actes donnés comme archevêque de Reims.

8° *Sceau*.

Presque tous les sceaux ont été détruits. Il nous a été donné d'en rencontrer un nombre très restreint. Ceux que nous avons rencontrés étaient en cire jaune, appendus sur simple queue.

Au droit : Une représentation d'évêque assis, avec mitre cornue et crosse, avec les initiales S. W. S. A. autour.

Au revers : Comme contre-sceau, une intaille antique, représentant un buste de femme, avec les mots « Secretum meum michi ».

Les actes solennels sont scellés sur lacs de soie rouge et verte (2).

La reproduction du sceau de Guillaume aux Blanches-Mains, publiée en tête de cette étude, est conforme à l'original en cire jaune conservé aux Archives départementales d'Eure-et-Loir.

(1) *Archives de l'Yonne.* Acte de 1176. — Id. H. 1405, 1282, 1206, etc.
(2) *Arch. de l'Yonne* (Bibl. de Sens). H. 25, n° I.

9 782329 399676